江西古村落档案丛书

主编 王德保 副主编 黄志繁

# 兄弟联居

## 万载周家大屋档案

罗艳春 编著

南昌大学文化资源与产业研究院丛书

岳麓書社 · 长沙

周家大屋雪景

纪年墙砖

围墙与大屋

周家大屋头门

周家大屋二门

周家大屋中厅

周家大屋中门

周家大屋官厅

周家大屋祖厅

周家大屋木雕窗户

周家大屋木雕构件

周家大屋一角

周家大屋官厅与祖厅之间的天井

周家大屋排屋大门

“芝兰室”门额

筒车与水陂

白竹仰山社庙

田下周氏大祠

马鞍岭傩神庙

马鞍岭傩神庙内景

# 序

近日，南昌大学黄志繁教授告知，由王德保教授和他主编的“江西古村落档案丛书”（以下简称“丛书”）10种编写告竣，将要出版，并殷殷以写序为嘱。我阅读了志繁发来的书稿，感触良多。这里就将自己的一些感想写出，作为序言，以应编者的雅意。

所谓古村落，指的是历史久远、内涵丰富的现存村庄聚落。学者或谓，传统村落包含了中华文化的DNA，此语说出了古村落最重要的研究价值所在。在当下，古村落的调查研究，不仅有助于了解中国传统社会，也是推动解决“三农问题”、促进农村社会走向现代化所必需的。自20世纪30年代费孝通《江村调查》等名著开其端，此后尤其是改革开放以来，历史学、人类学、社会学、民族学等领域的相关研究早已成为显学，成果汗牛充栋。

江西作为中国封建社会后期经济、文化发达区域之一，出现了数量众多、规模较大、类型和内涵丰富的古村落。进入20世纪以来国家评选“历史名镇名村”和“中国传统村落”，江西均名列前茅，自非偶然。[①] 研究中国古村落，江西可说是一个理

① 据梁洪生《珍如珠宝的江西古村》（《江西日报》2014年5月28日）介绍，迄该文发表，国家评选的历史名镇名村，全国共有528处，江西有33处，居第6位；中国传统村落，全国共有1561个，江西有89个，居第5位。

想的地域。当代江西地区的古村落研究成果显著，和这样一个有利条件密不可分。

我没有能力全面评价当代江西古村落研究的得失，但我愿意借此机会谈谈与此研究有关的三位人物，以及他们所做工作的意义和启示。

我要谈的第一位人物是毛泽东。

对江西传统村落的调查研究，其实开展得相当之早。民国时期，很多省份的有关调查都以政府机构或学者为主导，与之不同，江西最大的特点是以毛泽东为代表的中国共产党人做了重要的开创性工作。早在1920年，毛泽东就到萍乡县安源镇进行了一周左右的调查，此后他又多次来此考察，并领导了著名的安源路矿工人大罢工。1927年后，在创建井冈山根据地和赣南闽西苏区的过程中，毛泽东做了大量农村调查，如“宁冈调查”“永新调查”“寻乌调查”“兴国调查”“长冈乡调查”“东塘等处调查”“木口村调查”等。毛泽东搞调查是为了真切了解社情，正确指导革命进程，因而和同时代他人所做社会调查目的不同，和今人的古村落研究侧重点也不一致，但因其数量较多且方法独特，深入细致，“拼着精力把一个地方研究透彻”①，他的调查报告至今仍是研究民国前期江西地方社会和村落历史的宝贵资料。

因此，江西传统村落的调查研究，毛泽东实为开辟者。对当代江西古村落的研究者而言，毛泽东是不可忽略的，特别是他在调查和著作中所体现出的那种改造社会的使命感，经世致用的鲜明立场，严谨的态度、方法，今天仍值得继承发扬。

第二位是我的老师周銮书先生。

1990年夏，时任中共江西省委宣传部副部长的銮书先生发现了历史文化内涵极为丰富又保存较好的千年古村——流坑。在谷霁光先生的鼓励和指导下，他随即组织了一支由多方面专

① 中共中央文献研究室编：《毛泽东农村调查文集》，北京：人民出版社，1982年，第56页。

业人士组成的队伍开展流坑历史文化调查。后应他要求，当时分别任教于江西师范大学和江西大学的梁洪生与我亦加入其中。历经数年，经多次深入流坑和周边村落勘察调研，并广泛查阅族谱、古籍和其他资料，最终形成了《千古一村——流坑历史文化的考察》一书（南昌：江西人民出版社，1997 年）和一批研究论文。对流坑村的历史文化调查，不仅直接促成古村成为国家重点文物保护单位和江西著名的旅游景区，更使之成为国内社会经济史和历史人类学研究的一个重要样本，而且直接推动了政府和学术界对江西古村落的调研、保护、开发工作。

在之后的十余年间，銮书老师还发现和初步考察了几十个古村落。仅我陪同他去过的，就有吉安市青原区渼陂村，吉安县唐贤坊，吉水县双元村，泰和县爵誉村，丰城市厚板塘、白马寨等十余处。除了写文章介绍宣传这些古村落，如何深入研究并保护好它们，更是他极为关心和尽力推动的。即使身罹重病，他也没有停下脚步，放弃努力。病笃时，他犹以“江西古村丛书”的研究编纂为念。

周銮书老师可说是开现代江西古村落研究风气的第一人。他所发起和领导的流坑调查，开创了一个整合不同学科专家，集中力量长期、细致地研究一个村落，并且将调研、保护和开发利用有机结合起来的研究模式。他对赣地相关史学研究和人才培养也有深刻影响。20 世纪 90 年代以来，包括他不少学生在内的江西历史学人普遍投身古村落研究，大批研究生也以此作为学位论文选题，和他往往有直接或间接的关系。

如今周师墓木已拱，我在深深地怀念他的同时，更加期盼后来者能像他那样，坚定执着，放眼长远，组织团队，抓住典型个案，持之以恒，扎实工作，创造新的研究典范，把江西古村落研究推向新的高度。

第三位，则是法国远东学院的劳格文教授。

这位外国学者从 1992 年开始，组织开展了前所未有的对闽、粤、赣交界区域客家社区和文化的大规模田野调查。调查范围广阔，经费较为充足，参加者众多，持续时间长而且扎实深入，成绩相当显著。劳格文教授迄今已出版了数十部内容充实的著作，大大拓展和深化了对客家古村落的研究，更可贵的是由此培养了一批地方学者。他们不仅熟悉人类学的田野调查方法和现代学术范式，而且有一定的国际视野。就江西而言，赣南地区客家村落调查大面积展开，成果众多，积累丰厚，省内尤其是赣南师范学院等单位的一批中青年学者崭露头角，相关研究逐渐和国际接轨，在很大程度上正是受益于此项计划。

劳格文教授和他的贡献在江西学术史上应具有重要地位。“劳格文计划”最重要的特色或可概括为：以现代学术理念为指导，国际合作，统筹规划，群体作战，大范围地开展田野调查。该计划以其显著成就，为江西古村落研究提供了一种理念、路径和方法的示范，很值得借鉴和推广。

对江西古村落研究做出重要贡献的当然不止以上三人。比如就在 20 世纪 90 年代前期，江西还有王沪宁、钱杭等人在泰和县开展村落家族文化调研，并出版了《当代中国村落家族文化——对中国社会现代化的一个探索》（王沪宁著，上海：上海人民出版社，1991 年）和《传统与转型：江西泰和农村宗族形态——一项社会人类学的研究》（钱杭、谢维扬著，上海：上海社会科学院出版社，1995 年）两部著作。两部著作的政治学和社会人类学特色突出，对相关研究有较大影响。江西大学梁淼泰教授也在 1991 年出版了《明清景德镇城市经济研究》（南昌：江西人民出版社，2004 年）一书。此书积三十余年之功，对明清时期的景德镇瓷业经济和社会进行了深入探索，实为不可多得的力作，对江西古市镇研究亦产生了积极影响。

值得注意的是，流坑调查、“劳格文计划”和上述两项重要成果都出现于 20 世纪 90 年代前期，而且四者正好是一村（流坑村）、一县（泰和县）、一市（景德镇）、一片（赣南地区），有点有面，颇具代表性。而且正是在它们的影响推动下，江西出现了古村落调研热，1994 年兴起的赣文化研究热潮也与此不无关联。因此可以说，20 世纪 90 年代前期江西古村落研究进入了一个新的历史阶段。

近二十年来，包括古村落在内的江西历史文化研究成绩显著，这一点毋庸置疑。但如果从有关调研的宗旨和视野、广度和深度、重要成果的数量以及国内外学术界的认可度这些方面来看，今日江西古村落研究似乎还没有超越刚开始的阶段，还需要更多的努力。而努力的方向，我以为在很大程度上就在于上述三位先进为我们展示的精神和路径。认真回顾、思考和借鉴、践行他们的工作理念和方式方法，对于深化和推进江西古村落研究是很必要也很重要的。这是为什么我要在此谈论他们的原因，也是我很想向江西学术界朋友提出的一点建议。

古人云：“序者，叙典籍之所以作。”所以写了上面许多话之后，还是要回到“丛书”上来。

本“丛书”是由黄志繁博士牵头组织进行的南昌大学赣学研究项目下古村落调研计划的首批成果。第一批著作共计 10 种，研究对象均为江西比较典型、知名度较高的古村落。而其中的绝大部分，都是周銮书先生生前一直期望能够组织开展调研并编成“江西古村丛书”的对象。由于种种因素特别是人员的制约，周老师没能像调查流坑村那样实现愿望。现在，先生的遗愿终于变为现实，令人欣慰。

以我之见，本“丛书”有几个优点：

一是调研比较深入。“丛书”的作者多是年富力强的中青年学者，为了完成本书编撰，他们在充分利用前人工作成果的同时，深入古村落，做了大量调研工作，从而能把研究对象的基本情况比较全面地发掘和展示出来。特别是，多位作者选择了家乡村落进行研究，有近便和熟悉的优势；还有的作者对相关古村落的研究有一定基础，如廖艳彬当年硕士论文的研究对象就是槎滩陂和爵誉村，原在丰城工作的毛静对白马寨早有关注和多次考察，撰述自然更加深入扎实。

二是体例谨严。“丛书”在编写之初，就拟定了编写体例，各书均由导言、村图、建筑、历史人物、民俗文化（教育与文化）、文献、自主内容、附录八个部分组成。这样，一方面，全书结构和内容较为规范；另一方面，“自主内容”一章的设置，也给予作者自由发挥的空间，可以根据研究对象的特性突出特色。“丛书”成于众手，却能做到既比较整齐，又各有特色，它的编写体例是重要的保证。

三是注重历史信息和资料的保存。黄博士告诉我，“丛书”的基本目的之一，就是想把江西主要古村落的历史面貌和重要资料保存下来。将来即使古村落被改变甚至破坏，通过“丛书”人们还可以了解到它们在历史上的大致情况。因此，书中不仅尽量对村落的历史和现状有较为细致的描摹，而且以较大篇幅收录了族谱、契约和碑刻等方面的资料。这使本“丛书”具有突出的存故特色与较大的史料价值，便于学者利用。“丛书”的最大价值，应该就在这一方面。

“丛书”的面世，是江西古村落研究的重要成果，而且据我所知，此类丛书在江西还属首部，当然值得祝贺。但我想更为重要的是，“丛书”的完成和出版，不仅意味着这一批具有典型意义的古村落得到了较为深入的研究，见证着一批中青年研究者的成长和有所成就，而且意味着主持者和参与者正在沿着正确的方向实实在在地努力和前进，因而大有希望。

“丛书”当然也有不足。作为以保存资料为主要目的的著作，“丛书”研究深度上相对欠缺，对江西古村落具有规律性的内容和特质探讨不够。如果在全书之首有一个总论性的讨论，应可弥补。此外，“丛书”虽然重视村落文献的搜集，但基本限于族谱资料，碑刻、契约文书很少，正史、方志、文集等其他方面的资料更很少涉及。这都是令人遗憾的，需要在今后改进。

是为序。

邵鸿

2015年7月11日

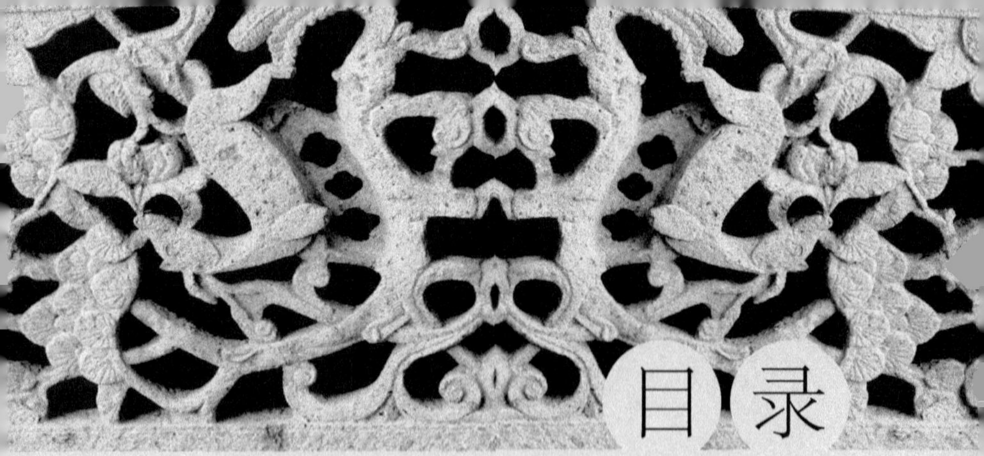

# 目录

# 导言

周家大屋位于万载县株潭镇株山村里。这栋民居最显著的特点，就是体量大。大屋的中栋建筑有前后五进，贯通的走廊将左右两侧的建筑连成一体，形成民间俗称的“九井十八厅”建筑格局。建造大屋与居住于大屋之内的，都是周姓居民，因此被称为“周家大屋”。此外，由于大屋的墙壁上有刻着“嘉庆乙亥年造”“周怀怡堂记”等字样的铭文砖，因而被遍览江西各地民居的建筑史学者黄浩评价为是一栋不可多得有绝对纪年的天井式民居。因为其鲜明的建筑特色，1982 年上海电影制片厂拍摄反映赣西路矿工人武装斗争的电影《大泽龙蛇》时，选取了这栋赣西民居作为外景地之一。2007 年周家大屋被评选为第二批江西省历史文化名村。① 经过修缮的大屋头门上写着醒目的“周府”门额，大屋二进左侧的小院球场中，一棵据说是当年建造大屋时栽下的罗汉松，成为了岁月的见证。

周家大屋在行政区划上隶属于万载县株潭镇株山村。株潭镇地处萍乡、浏阳、万载、袁州两省四市、县（区）的交界地带，镇政府所在地距县城 42 千米，距省会南昌 210 千米，距湖

① 2007 年 7 月 13 日公布，参见《江西省人民政府关于公布我省第二批省级历史文化名镇（名村）名单的通知》（载《江西政报》2007 年第 16 期）中，所附名单为“万载县株潭镇周家村”。然万载县株潭镇并无周家村，其行政村名当为株山村，本书遵从地方俗称，以“周家大屋”名之。

“周府”门额

南长沙155千米。1984年印行的《万载县地名志》记载，株山作为区域专名是在1955年。1959年成立了株山大队，虽然几经调整，但规模基本保持稳定。周家大屋位于株山村下属7个自然村中的丁家桥，其西侧相邻的梅花潭、五里亭，也是以周为主要姓氏的两个自然村。据周庆富的文章介绍，以大厅为界，周家大屋的居民分别隶属于丁家桥和梅花潭两个村民小组。从建村的历史追溯来看，丁家桥也是株山村历史最悠久的自然村。据说早在明洪武年间，丁氏从沙江桥迁此定居，在村侧河面上建了一座石桥，名为丁家桥（又称丁桥）。而株山的得名，是因为清顺治年间黄氏迁至此地，建居一座长满槠树的山下，所以取名槠树山，后来因音近而称株山。其后陆续迁入株山村一带居住的，有康熙年间迁入的卓氏、韩氏、张氏。蜀江北岸石塘村的龙氏，他们在乾隆时期迁入梅花潭居住。周氏迁入此地的时间则是嘉庆时期。由于几乎所有地名都是清代以后迁入的村民命名的，所以在图甲体系中并没有株山村的地名记录。笔者参照清代中期的图甲册与捐户册，发现与株山村有关的是万载乡十一都二图。该图的范围包括马兰头、朱溪桥、槠树潭（即今株潭）、上获江、后槎、获富，基本上涵括了蜀江从亭下到株潭镇河段南岸的地理空间，丁家桥也包含其中。

由于岁月的久远、资料的缺乏，关于这栋大型民居建筑的历史与文化，即便是周家大屋的后人也大都知之不详。作为一栋民居，周家大屋不像如宗祠、庙宇等建筑，有着相对集中的文字史料，其历史信息散见于方志、族谱、碑刻等文献记载中，纷繁复杂，茫无头绪。不过，在田野实地考察的过程中，笔者不时能听到一些至今仍在大屋居民之间口耳相传的故事，虽然貌似荒诞不经，却成为我们阅读与理解文献的指路明灯，揭示了周家大屋历史发展的几个基本问题——大屋是如何建起来的？为何要建成兄弟联居的格局？为何选择建在丁家桥？

## 一、大屋是如何建起来的？

说起周家大屋，最广为人知的是“卖桐油建屋”的故事，大屋居民中流传着故事的多个版本：

金瑚公在两广地区做生意，平时住在旅舍里面，晚上上厕所时偶然听到住店的客人聊天，听说了全国的桐油价格将会涨价的消息。于是金瑚公赶紧在两广地区各桐油供应商那里下了定金，采购了大量桐油，因此抓住了这次机遇，发了大财。周家大屋有一部分墙体之所以这么牢固，就是因为在沙石中掺了一些桐油。（2014年2月16日，周汉章口述）

周家大屋的祖先做桐油生意，但生意行情一直不好，桐油卖不出去，囤了很多。后来黄河决堤，官府需要大量桐油与沙土一起去筑堤，以保障河堤的牢固。结果采购的官员到店里买桐油，店家都不卖，因为所有桐油都是周家的。于是官员去找周家的这位祖先想还价。周家祖先刚解完手在打战，结果买家误以为要加价，而周家祖先误打误撞将桐油卖了个高价。（2014年2月18日，周秀云口述）

原来有个慈化人在袁州府当知府，是个贪官，贪污了很多钱财，都换成金银财宝，藏在桐油里面运回慈化。周家大屋的祖先去慈化赌钱，看到贪官家用桐油洗东西，就说也买两桶回去。到家后，他发现桐油里面藏着金子银子，就去把所有的桐油都买了回来，因此发家。贪官听到这个消息，把官辞了，说子孙都不要钱，我要钱有什么用。（2014年2月18日，周庆学口述）

第一则故事的讲述者周汉章是大屋后代中年纪较长者，曾经在当地小学任教，参与了1993年重修周氏族谱时编纂组的工作，其收集整理的周家大屋资料，已经成为家族与地方政府对外宣传时的权威来源。在此意义上，故事一算得上是周家大屋祖先卖桐油建屋的官方版本。其“外宿旅舍，偶然获悉物价波动信息，因此囤积货物而致富发家”的情节，也是常见的一种清代商人故事模式。①

第二则故事的讲述者周秀云比周汉章年纪略小，辈分要高一辈。其人生履历较为丰富。年轻时曾经担任过村干部，现在进出周家大屋的一条机耕道就是他组织修建的。1993年重修族谱，他参与了财经组的工作。村里及附近株潭镇一些庙宇的修复工作，他也在其中发挥了重要的推动作用。周秀云在向笔者讲述故事二时，是以讲一个笑话的语气讲述的。

第三则故事的讲述者周庆学是周秀云最小的儿子，目前在周家大屋附近经营一个花炮厂，效益不错。周庆学讲的故事，是他小时候听老辈人讲过的。因为其中涉及祖先参与赌博的情

① 笔者在万载仙源也听到王氏商人的类似故事，情节差不多，只是货物由桐油换成了表芯纸。

节，所以只在大屋内部流传。故事虽然有演绎的成分，但其中涉及的丁家桥与慈化的地理信息，为全面梳理大屋的发展脉络提供了线索。

三个版本的故事，其中细节的真实性已经无从考证。对于追溯周家大屋的建造历史而言，值得注意的是故事中“经商”与“桐油”这两个共同要素。

族谱中的传记记载，周家大屋的建造与经商有着极为密切的关系。大屋的建造者是周金瑚（1730—1779）的五个儿子，笔者依次摘录其传记内容如下。

长子周淑仁（1755—1826）：

幼聪颖，锐志诗书，顾数奇弗偶。既冠，丁外艰，母又抱恙，医者有难色，公乃弃举业，精岐黄，汤药亲调，再阅寒暑无稍倦。嗣母逝，瞻望高堂，惟节孝祖母辛大孺人郁郁居此耳，公乃率诸弟具甘旨，亲色笑，左右就养欢甚，于是九十余岁之辛大孺人，白发怡然，几忘子与媳之先逝也。公性长厚，析产时雅不欲按股自利，因商诸弟融通之，论者谓同居义，即析居仍不失为义云。耽山水遨游之次，虽茧足而不自知。萍邑栗市祖坟及父母坟，皆其经营而安厝之者。卜室丁家桥，宾馆书室毕具，以己未卒举业，累延名师督课子侄不少假。……袁郡七眼井试馆倾塌久矣，公商诸弟倡捐，缮完雅饬，寓者便之。又以田下大祠祀产不足于供，商昆弟以千金助之。三区义塾乐助亦如其数。①

次子周淑德（1758—1816）：

自幼天资明敏，就傅授书，深明大义。以家道少康，乃率昆季逐什一之利，以佐节孝祖母甘旨，于是家事颇丰。意欲驰骋皇路，润色鸿猷，由国学生捐授道库大使，分发候补，终以侍养未果。公精明而浑厚，与同堂分析不计财产，雅爱子侄读书，邑先辈至其家，必令呈牌艺以就正，且厚亲戚有恩，笃宗

① 《慎斋公传》，载1937年《万载田下周氏族谱》第13册。

族有谊，凡属乡邑义举公事，挥金乐助毫无吝色……初大祠合族重公才德，共举为族长，公再三推让不居，然届冬祭无不亲临祀典，以率一族，其尊祖敬宗有如此。晚卜宅于丁家桥，兄弟联居，颜其室曰“怀怡堂”。①

三子周淑芬(1763—1846)：

幼敏于学，博涉经史及岐黄书。长弃儒，偕兄弟业贾，佐祖母甘旨。初贡成均，嗣以捐助义谷优叙八品衔。……好善乐施，行之不倦，凡乡邑公事，捐助慷慨。如宗祠祭资不裕，袁郡试馆之建，三区龙冈书院初创，公昆季不吝解囊。道光十九年，族奉为大尊长，创建寝室，大其规模，以祠资不裕未堪更堂室，先自捐钱二百串为倡焉。本支祖尧七公祠宇未建，商族老清英、金旭等，买族人梅龙众黄茅店房为祠，创立寝室，兴祭祀，并预贷己资充修理用，阅数年还本不收息。复与堂侄俊孙等即北江义门祖室为以功公享堂，兴时荐。更于丁桥居室立为翰公享堂，以终成兄弟立贞寿会初意。念一乡荒歉，应备资济赈，助谷三百石于黄茅义仓。其轻财仗义，尊祖敬宗如是，诚堪规式百世而不朽已。②

四子周淑文(1771—1823)：

敏达聪颖，诗文隽峭，名噪童军，早见器于乡前辈，入籍成均非其志也。维在义门同居时，祖母年迈，昆季皆业贾，遂以侍祖母课子侄为己任。次兄廉斋公特倚重之。兄弟卜筑丁桥，公董其事，大其居室，敞其堂轩，尤必广其书舍，其属意非寻常已。③

五子周淑彬(1774—1837)：

幼托业懋迁，偕昆季以货殖起家，积资饶裕。生平好义慷慨，如捐助田下大祠千金，捐助龙冈书院千金，公与昆季踊跃

---

① 《廉斋公传》，载 1937 年《万载田下周氏族谱》第 13 册。
② 《绣圃公传》，载 1937 年《万载田下周氏族谱》第 13 册。
③ 《容斋公暨辛孺人合传》，载 1937 年《万载田下周氏族谱》第 13 册。

首倡赞襄其事。……道光壬辰，吾乡叠遭水旱，公出己资买谷备荒。夏月谷价昂贵，公减价粜与族众，即劝族众发粜公米，族人之沾溉余润者甚众也。其为人虽托身阛阓，而其心与读书人深相契洽，凡宦达诸公计偕之费，靡不解囊相助，所以邑绅来往咸有金兰胶漆之欢。至族中读书子弟尤无不加意栽培，总以琢玉成器为念。①

族谱中记载，次子周淑德“颜其室曰‘怀怡堂’”，并且在迁居不久后于嘉庆二十一年(1816)去世，这与大屋现存的“嘉庆乙亥年造”和“怀怡堂”两处墙砖碑刻可以相互印证。建造大屋的五兄弟，老大习医，老四在家中侍候祖母、教导子侄，其余三兄弟均从事商业，因而家境日丰，得以有条件筑宅丁家桥。

在明清时期，桐油是袁州出产的商品之一。目前所能看到的地方志文献中，最早可以在正德《袁州府志》中找到关于桐油的记载。② 同治《万载县志》在“桐油”条目中增加了“采桐核榨之，各乡皆出，特不多耳”的注释。③ 周氏兄弟是否从事过桐油生意，族谱中并没有记载。但周氏兄弟的生意一直做到了省城，则可在一篇寿序中找到证据。周氏兄弟虽然没有在科举上获得成功，但都乐于结交读书人，五子周淑彬还为士子们赶考提供经费赞助。举人辛辰云在庆祝周淑芬八十寿辰时，追溯其在省城南昌为读书人提供帮助的旧事，“当昆友在省垣时，邑先达因事至者，咸倚为居停，流连款洽，遂开

① 《文峰公传》，载1937年《万载田下周氏族谱》第13册。
② 徐琏修，严嵩纂：正德《袁州府志》卷二《土产》，明正德九年(1514)刻本。
③ 金第、杜绍斌纂修：同治《万载县志》卷一二《土产》，清同治十一年(1872)刻本。

省栈礼士风”①。族谱传记中关于五兄弟积极参与宗族与乡里公共事业的记载，一方面彰显了周家五兄弟的乐善好施，另一方面也体现出其因经商而积累的经济实力。

因此，“卖桐油建屋”的传说，其版本不一的故事情节背后，反映的是清中期一批周氏的家族商人因经商致富而建造大屋的史实。

## 二、为何要建成兄弟联居的格局？

周家大屋的中轴线前后五进，前部分九开间、后部分七开间，天井及通道将中轴线与两旁一共 15 个厅相连，纵横交织，是一栋典型的清代多开间大型天井式民居。为何五兄弟会在步入中老年以后，从祖居地迁出，另外择地筑宅呢？笔者在田野调查中也收集到了一则故事：

金瑚的五个儿子要在株潭建房子，与在黄茅的分家有关系。分家时的争执之一，是到底按三股还是按十三股来均分家产。结果是五兄弟离开义门，到外面另建房屋。本来还有其他中意的地点，最后还是由于丁家桥这片有人同意卖土，于是五兄弟就在这里建房。（2014 年 2 月 15 日，周秀云、周庆柏口述）

这则故事是周秀云和周庆柏讲述的，强调的是大屋周氏与其迁出地黄茅义门周氏之间的纠葛。但在笔者的口述调查中，周秀云也讲述了大量双方密切往来的事例。因此，这一故事与其说反映了丁家桥周氏与黄茅周氏的矛盾，毋宁说是提醒我们需要结合义门周氏宗族的历史来了解周家大屋。

乾隆四十八年（1783），居住于黄茅的周继德（1709—1795）因为自祖父周爰试（1653—1705）开始，连续六世同居共爨，因此被合邑绅士向官府举荐，官府于次年赐银建坊，题名“忠义孝悌”于祠内。被旌表的周继德，是建造周家大屋的五兄弟的叔祖父。

① 辛辰云：《恭祝绣圃先生周姻伯大人八秩荣寿序》，载 1937 年《万载田下周氏族谱》第 13 册。

黄茅周氏义门第正门

黄茅周氏义门第内景

周家大屋所属的周氏宗族，因其“历隶隅坊田下西都一图一甲民籍”①而自称为田下周氏。田下周氏在清初才逐渐完成修族谱、建祠堂等宗族组织化的建构。其修族谱的设想始于雍正

① 《蠡山军丁诬扳漏军案略》，载 1937 年《万载田下周氏族谱》第 14 册。

七年(1729)，第一次修纂成书是在乾隆十一年(1746)，此后多次续修，至1937年为八修①。田下周氏的祠堂是从雍正元年(1723)开始敛银生息，乾隆元年(1736)购买祠基，乾隆二十四年(1759)开始建祠，此后屡有兴建。②

在进行宗族建构时，田下周氏宗族对宗源的认定在乾隆嘉庆年间经历了一次改易，由最初认定的周璇，改为奉元末明初的四世祖周国宝为始祖。此番改易始祖，是因为周国宝以前的三世，均“无坟碑可考”，而周国宝不仅有坟碑，而且有史可考。③ 周国宝于元天历元年(1328)出生，明洪武二十二年(1389)去世，在明洪武二年(1369)曾被知县赵中举为约正。④

另一名载入邑志的田下周氏族人，是国宝的三世孙仲信。据方志记载，明景泰三年(1452)冬至四年(1453)春，万载“凝雪两月余”，发生饥荒。⑤ 景泰四年，周仲信“输谷一千二百石，闻于朝，颜其闾曰‘旌表义民周仲信之门’”⑥。因为被旌表为义民，周仲信住宅的门前还安放了石狮、营鼓，其房屋基址也成为清代修建田下周氏大祠时的基址。⑦

族谱记载，县城中的田下与县境西部山区的黄茅产生关联是在明末时期。国宝第十世孙周德馨(1573—1641)，从县城迁居到黄茅。

---

① 田下周氏将雍正七年(1729)的修而未果的行为认定为第一次修谱，此后历次修谱的时间依次为：乾隆十一年(1746)、嘉庆三年(1798)、道光八年(1828)、同治四年(1865)、光绪二十三年(1897)、1919年和1937年。最近一次的重修族谱是在1993年。

② 田下周氏大祠修建情况，参见道光八年(1828)周治康撰《祠堂记》、同治元年(1862)周树楷撰《续造田下祠堂记》、光绪二十三年(1897)周永清撰《添修围墙记》，均载1937年《万载田下周氏族谱》第1册。

③ 《周氏宗源考》，载1937年《万载田下周氏族谱》第1册。

④ 《始祖允斋公传》，载1937年《万载田下周氏族谱》第13册。

⑤ 常维桢修，汪映极等纂：康熙《万载县志》卷一二《灾祥》，清康熙二十二年(1683)刻本。

⑥ 康熙《万载县志》卷一一《人物》。

⑦ 《义士记》，载1937年《万载田下周氏族谱》第1册。

公讳德馨，字绍南，号三峰，慎所公三子也。生平喜恬静，好读书，师资贤友，名著康城。虽髫年游黉，而志坚气锐，学问日进，惜棘闱屡荐不售。后由城南寄居黄茅以终，迄今虎形前后左右山场，及北江后龙山绵延数里，上自白竹岭，下至回龙庵，皆其手创者。嘉庆、道光间，又续买田业千数百把。道光戊戌己亥，于周陂市创立祠宇，享祀有赖。①

迁居到黄茅后，周德馨的子孙必须面对随之而来的朝代鼎革与地方动乱。明末清初的万载，先后经历了崇祯十五年(1642)的邱仰寰之乱、崇祯十七年(1644)的甲申鼎革、顺治五年(1648)的金声桓反清事件、康熙十三年(1674)的棚民朱益吾之乱等兵燹人祸；还发生了顺治四年(1647)的“丁亥荒灾”和康熙十七年(1678)的“戊午大饥”，“百姓饿死枕藉，白骨如山”②。

周德馨的子孙们经历了诸多磨难，在黄茅立住了脚。随着时局的稳定，迁居黄茅的周氏宗族也逐渐兴盛。其表现之一是人口的增加。经历过战乱的周爰试有两个儿子，到其第四代有十三个曾孙，建周家大屋的五兄弟是周爰试的第五世孙，这一代共有男丁 52 人。同时，黄茅的周氏宗族逐渐通过经商增强了自身的经济实力，又通过积极参与公共事业获得了良好声誉，特别是周继德对宗族的发展产生了重要的影响。兹摘录其传记如下：

公名继德，字尽美，律声公季子也。家贫服贾治生，走江湖者数十年，未暇潜心经书，而诸同人因其忠厚浑朴，为取其名曰尽美。视兄犹父，凡有美事即奉承不遑。辛未岁荒，往省买米以应粜，即此可例其余。原谱载邑廪有虞先生赠律声公传云：“季公尽美，直率朴实，以勤俭佐兄成家。”谅哉！至好善乐施，助修桥梁，岁以为常，而贫困称贷者不苛其偿，可无论

① 《绍南公暨宋孺人合传》，载 1937 年《万载田下周氏族谱》第 13 册。
② 康熙《万载县志》卷一二《灾祥》。

已。至亲族来存问者，不计贫富，必询其休咎，勉其勤劳，更为之诵《劝世文》《孝义歌》等书，娓娓动人。屡举乡饮不就。乾隆癸卯，邑绅士以六世同居秉公举义具题，甲辰特降纶音旌表义门，题名忠义孝悌祠内。寝疾之日，遗命以惇行古礼，毋得宰割，毋作佛事。抱病数月，不肯服药，享年八十七。①

乾隆四十八年(1783)，周继德能获得合邑绅士的共同举荐，并于次年被官府旌表为六世同居的义门，固然有清代孝治政策的大背景，但周继德的经济实力与良好品行也起到了重要作用。

周继德能获得义门的旌表，最主要的事实是从他的祖父周爰试开始，连续六世都同居共爨。此种局面的形成，一方面有赖于兄弟之间的谦让之风，另一方面则是有专人管理家政。

作为六世同居局面的开创者，周爰试及其长子周志垣在分家析产时都有谦让之风：

公讳爰试，字以功，文远公仲子也。为人谦让，秉性醇谨，且独能任父兄忧。甲寅寇变，田业荒芜，逋粮者十有八九。兄弟四人，公独以一身承其乏，不辞劳瘁，亦绝不居功。后兄弟分爨，凡田产什物，毫不计较，有汉薛包田地取其荒顿、器物取其朽败之风焉。②

公讳志垣，字律声，行立六，以功公长子也。生平忠厚俭勤，不事浮华，不喜竞争，忍让以处世，孝友以训家。诗书励后，家人恪遵规范，莫敢荒游。当父手分爨时，或以田产肥瘠为计，公微应之曰："田产与兄弟，孰可无而复有，孰可有而不可无。业无论肥瘠，皆先人所遗，本宜共守弗替。既不能共守，将析而守之，则肥瘠悉可守之业，不才父子愿居最瘠者。"是真克承乃父谦让淳谨之风者已。③

周爰试的次子周志翰与长孙周继谟都能专心管理家政，坚

---

① 《浑园公暨龙孺人传》，载1937年《万载田下周氏族谱》第13册。
② 《以功公暨江孺人合传》，载1937年《万载田下周氏族谱》第13册。
③ 《律声公暨潘孺人合传》，载1937年《万载田下周氏族谱》第13册。

持同居共爨：

公讳志翰，字宗臣，行立八，以功公之幼子也。兄弟二人，母殁时公五岁，其兄律声公九岁。……兄殁，公行年五十有四，致哀如丧父，率子侄丧葬如礼。由是以一身经理家政，规范后嗣秀读朴耕，督课有方，雍睦一堂。继兄而专任劳悴者二十余年，以七十三岁终。①

公讳继谟，字钦若，号敬庵，律声公长子也。公以幼年治理家政，立心鲠直，正己率物，虽未揣摩诗书，然率其天性，常与书理暗合。不独待叔如父，视侄犹儿，即闺门之内，整齐严肃。其治家之严可想。若子孙有浮薄之行，私利之为，靡不痛加惩责。且言行足法，于分爨则诫之，于孤贫则周之。②

但是，六世同居的义门，只是黄茅周氏族人中的一支而已。义门聚居的村落，其格局与村周的围墙大部分保留至今。据义门后人告知，村庄外围的围墙以前一共建有上、中、下三个门楼，分别由黄茅始迁祖周德馨三个儿子的三房族人修建，每一

黄茅周氏义门第门楼遗址

① 《宗臣公暨陈孺人合传》，载 1937 年《万载田下周氏族谱》第 13 册。
② 《钦若公传》，载 1937 年《万载田下周氏族谱》第 13 册。

房的婚丧嫁娶都只能从对应的门楼进出，中门楼就是义门所属的周曰祯一房所建。村落的空间范围有限，随着人口的增殖，分家析产无法避免。周继德于乾隆六十年(1795)去世，义门同居的格局又维持了十余年，最终在嘉庆十五年(1810)分家。族谱记载，义门析爨时仍然保持了让产之风。例如周继谟的子孙就将山场充作公产：

嘉庆十五年因家析爨，公弟功盛公、尽美公二房子孙念公伯氏缔造艰辛，并将横岭山、巢家园二处山场以酬公德。公之孙推让不居，上溯高曾，仍将二处山场等业，除利沄竖造屋宇外，所有基屋土产存为以功支下祀事公用，愿合家永远守之勿替云。①

而在此次义门析爨过程中，建造周家大屋的五兄弟面临两个选择。如果按照周继德这一辈的兄弟世系分家，他们可以分到三分之一。如果按照他们的父亲与叔伯兄弟来分家，则只能分到十三分之一。最后的结果，还是按照十三股来分家。周淑仁也因为“析产时雅不欲按股自利，因商诸弟融通之”，被称赞为“析居仍不失为义”。② 黄茅义门分家五年之后，周淑仁五兄弟筑宅丁家桥，仍然保留了“兄弟联居”的同居之风。

## 三、为何选择建在丁家桥？

周淑仁五兄弟在义门析爨后，为何选择到丁家桥建屋？在田野考察中听到的两则故事，有助于加深我们对大屋所处地域的认识。

周、王两家是亲家，大屋也差不多同时修建完工。而王家人到周家大屋喝酒庆贺时，说：“周家人大屋做得大，一百来

---

① 周继谟世系见《文明公支德馨公世系第三表》，载 1937 年《万载田下周氏族谱》第 3 册。

② 《慎斋公传》，载 1937 年《万载田下周氏族谱》第 13 册。

人住在里面也看不出来。”结果一语成谶，周家大屋的人丁一直都不兴旺，大体保持在一百人左右，直到新中国成立后才有所增加。而周家人到王家去喝酒庆贺时，说了一句话：“王家大屋也很大，就是门槛太高，小孩子进不来。”结果王家也一直不兴盛，人丁一直不旺，房子也都倒塌得差不多了。（2014 年 2 月 15 日，周庆柏口述）

王家人在做大屋时想按周家大屋的样式做，却不可以做成一样的，因为周家是两朝义门，他们建的是可以有五进的“皇屋”，而王家人只能建三进的民屋。王家人到周家喝酒，本来想说周家大屋很大，一百多人住进来都还绰绰有余，结果说成“周家大屋这么大，一百多人就没了”。后来周家人到王家去喝酒，说王家大屋是很大，就是门槛高，小孩子不好进出，结果王家的人自己说“没有小孩子”。（2014 年 2 月 18 日，周秀云口述）

王家大屋位于周家大屋南边后槎村。周家大屋是以中轴线的前后五进为中心，向左右延伸，大致呈边长约百米的正方形

王家大屋外墙

王家大屋门楼及内墙

王家大屋正门

王家大屋走廊

王家大屋风火墙

结构。王家大屋只有三进，显得横向较宽。后槎的王氏将他们的“迁万(载)始祖”追溯到宋代的华公，分为宝、兴、胜三房，主要聚居在县城及其附近，此后子孙繁衍，分布于各乡。迁徙到后槎这一支的王氏，追溯胜房的十一世王珪崇为发祥祖，其支祖则是生活于清代中期的王汝绥。笔者节录族谱中的世系传文如下：

汝绥，字定国，号辑斋，行槐百十七，附贡生。敕旌五世同堂，赠眉寿衍庆匾额，为后槎霞山房支祖。公温厚和平，慈祥悱恻，与世周旋似无可否，然非礼之事毫不可干，事亲以孝，待兄以友，分析之日，屋宇田产，让美受恶，处之坦然。邻朋有贫乏者，减价出粜以周恤之。闾阎有争端者，引直剖曲以排解之，素行无一刻事，毕生不入公门，八十六岁后孺人一月七日而卒。……元配欧阳氏德超之女福秀，例赠孺人，敕旌五世同堂，赐眉寿衍庆匾额。孺人七诫足式，四德咸臧。初归辑斋公，家称始有。孺人荆钗布裙，亲操井臼，事翁姑以孝，相夫主以勤，置良田二十余庄，营广厦百数十间，皆孺人内助之力也。①

对比两座大屋建造者的历史，我们可以发现其中有一些相似之处。他们的祖先最初都定居万载县城，明中后期离城居乡。在清乾隆、嘉庆年间，他们都积累了一定的财富，并迁入株潭蜀江南岸，建广厦大屋聚居于此。而且，他们都因为累世同居受到官方的旌表。

在这一时期迁入周家大屋附近居住的，还有一些移民。在田野考察中，笔者听到一个故事：

> 周家建大屋时，旁边的张家是做小工的，最后周家大屋完工了，客籍的张家用剩余的材料也建了一栋房子。窑下的韩家当时是做泥水匠的，也是用周家大屋剩余的材料给自己建了一栋房子。（2014年2月18日，周庆学口述）

据讲述人介绍，这则故事是他从小就听说过的。查阅张氏族谱，其祖先是在清康熙时期先从广东迁居赣州，随后再次迁徙到达万载的。丁家桥张氏的支祖是张乃遂（1736—1813）。道光十三年（1823），张乃遂的妻子凌氏“得受皇恩旌奖五世同堂，赠有银牌、库银十两、黄缎一卷，匾式眉寿延庆”②。

无论是建大屋的周氏、王氏，还是从外地迁来的张氏，他们有一个共同的特征，就是尽管他们在乾隆、嘉庆年间已经定居于丁家桥、后槎等地，但他们并没有编入丁家桥、后槎的图甲体系中。

在清代的图甲体系中，万载乡十一都二图的范围包括马兰头、朱溪桥、槠树潭、上荻江、后槎、荻富，基本上涵括了蜀江从亭下到株潭镇河段南岸的地理空间。该图登记的甲户名情况如下：

> 一甲　梁再兴（顶李盛，客籍）
>
> 二甲　陈谢王（顶吴满牙，俱客籍）

---

① 1992年《万载王氏族谱》卷四《西门胜房联公世系珪崇派》。

② 1992年《谷源张氏五修族谱》卷四《宝珠奇瑞公世系》。

三甲　叶刘吴(顶李茂，俱客籍)

四甲　巫田张(顶李临牙，俱客籍)

五甲　黄何邱(本丁宗同，顺治间改，俱土籍)

六甲　黄赖张(顶李爰，俱客籍)

七甲　刘永盛(本陈任牙，康熙间改，获富土籍)

八甲　韩大兴(顶李珪，客籍)

九甲　李卓廷(顶李辰牙，俱客籍)

十甲　黄元兴(顶李巢牙，客籍)

附图客籍徐温田谢梁卓巫张韩九姓①

经历了明末清初的多次战乱，大量甲户流亡，官府在清前期采取了顶图、轮差、附图等方式，对图甲体系进行了多次调整。道光年间重修《万载县志》时，纂修者又参照乾隆《临川县志》、乾隆《分宜县志》的做法，"分别土客，注明籍贯"②。顶图，是用新的甲户顶替已经流亡销户的旧甲户；轮差，则是同一图内尚存的甲户，共同承担已经流亡、绝户的甲户的赋役；附图客籍则是专门针对官府招徕的闽粤移民而设立。③ 丁家桥、后槎所属的十一都二图，十个甲户中有八个是客籍民人顶充。这意味着蜀江南岸的这一片区域，在明末清初时受到战乱兵燹的冲击，旧有的甲户大都逃亡或绝户，直到清初以后，闽粤移民以及本县其他地区的土籍居民重新迁入此地，形成了新的甲户格局。而造成这一现象的原因，又与其所处的地理位置有关系。

周家大屋门前的河名为蜀江，蜀江系赣江重要支流锦江在万载境内之名。蜀江是万载县最重要的一条河流，株潭、潭埠、

① 同治《万载县志·都图甲户籍贯册》。

② 卫鹓鸣修，郭大经纂：道光《万载县志》凡例，清道光十二年(1832)刻本。

③ 对明清时期袁州府的图甲体系改革的研究，可参见郑锐达：《移民、户籍与宗族：清代至民国期间江西袁州府地区研究》，北京：生活·读书·新知三联书店，2009年。

双桥、高城等万载传统的重要商业市镇以及万载县城均分布在蜀江沿岸。

万载县十一都一共有三图，涵括的地理范围正好是蜀江南岸与宜春的慈化、楠木交界的区域。前引故事三的发生地点为慈化，以及周淑仁为祖父与父母在萍乡上栗建坟，这都反映出万载株潭、宜春慈化、萍乡上栗在空间上的密切联系。明末清初与这一区域有关的历史事件，就是所谓棚民动乱引发的“驱棚”举措①，万载、萍乡、宜春交界地区正是棚民集中的所谓“三关九图”。与黄茅同属万载县十二都二图的铁山界，“在县西一百二十里，西连浏阳，南通萍乡、醴陵，毗邻三关九图，为正西要道”，“贼寇侵掠，多由此入境，明时设巡检司置弓兵于此，与黄圃、安乐、梅园各司互为声援”。②

从地域社会历史发展的整体史脉络出发，我们可以大致梳理出周家五兄弟选址丁家桥的社会与历史原因。明末清初，万载株潭蜀江南岸卷入了棚民的动乱事件之中，并受到袁州府、宜春县的军事行动与“驱棚”政策的影响，导致传统的图甲体系被瓦解，同时也为各种来源的新居民的迁入提供了开放的地理空间。周家大屋的建造历史，体现的是清初以来万载十一都二图地域社会的重新开发历程。



---

① 可参见吴宗慈：《江西棚民始末记》，载吴宗慈修，辛际周、周性初纂：民国《江西通志稿》第38册，江西省博物馆1987年整理本。

② 卫鹓鸣修，郭大经纂，辛辰云增订：道光《万载县土著志》卷三《形势》，清道光二十九年(1849)刻本。

# 村图

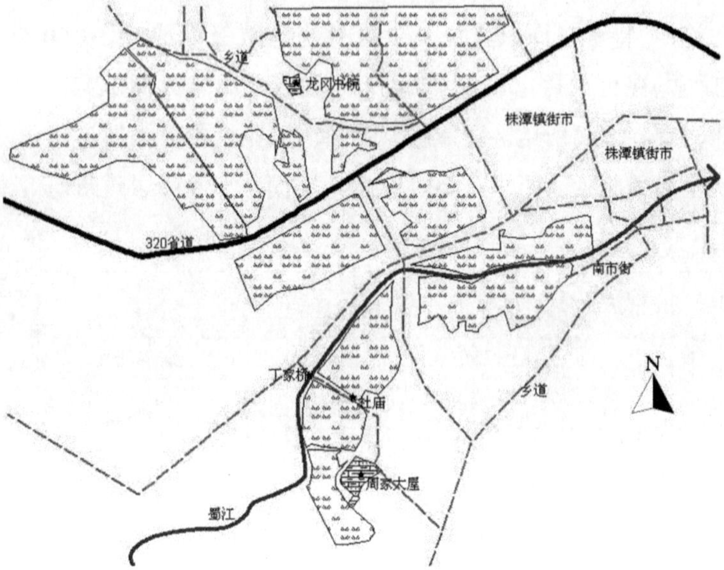


周家大屋周边环境图

图片来源于宜春市规划建筑设计研究院的《株潭镇周家历史文化名村保护规划》。

# 建筑

在乡村社会中，类似周家大屋这样大体量的民居是颇为引人注目的。近几十年，历史久远而又保存完整的周家大屋引起了人们越来越多的关注。1982 年，上海电影制片厂拍摄《大泽龙蛇》，特意在周家大屋、丁家桥与南陂等处取景。1991 年，江西电视台拍摄电视剧《茶女》时也曾在周家大屋取景。2007 年，宜春市规划建筑设计研究院聘请专业机构对大屋进行了一次全面的测绘。而早在 20 世纪 80 年代，江西民居建筑研究专

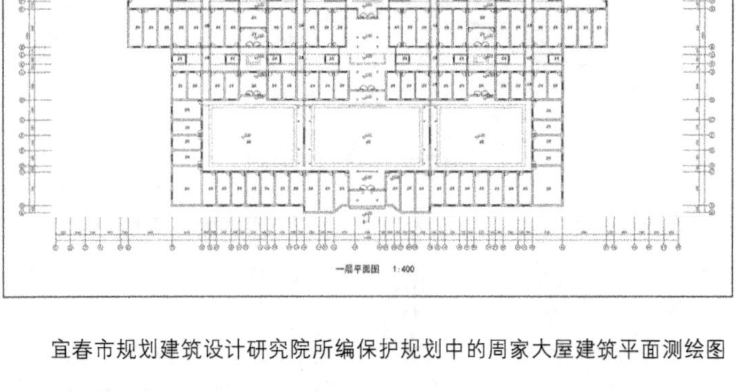


宜春市规划建筑设计研究院所编保护规划中的周家大屋建筑平面测绘图

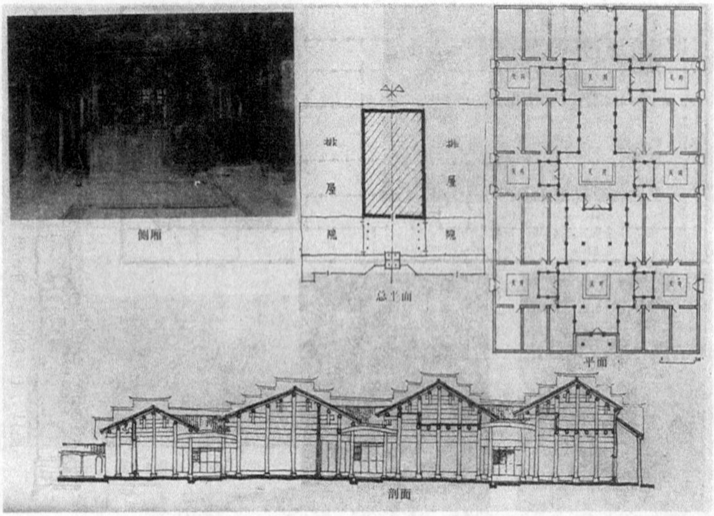


黄浩测绘之周家大屋图〔摘自黄浩等著《江西天井式民居建筑》（江西省建设厅、景德镇市城乡建设局 1990 年刊印）一书〕

家黄浩就完成了对万载周家大屋最早的测绘与考察。虽然黄浩的测绘只是针对大屋的中栋部分，但其关于周家大屋的门廊处理方式、年代铭文砖的建筑史意义等论点，仍旧是目前为止最具有学术价值的研究成果。

周家大屋坐落于一个小型的河谷盆地之中。主体建筑坐东南，面西北，背靠的禁山向西延伸至梅花潭、五里亭，向东延伸到株山，是一片绵延的丘陵山地。大屋的前方与左右则被大片平坦的农田环绕。盆地的外缘，蜀江在大屋的西北方向北折后，东流直达万载县株潭镇。建于蜀江之上的丁家桥，将周家大屋与民国时期修建的万载至浏阳段公路相连，在亭下村与新修的湘赣省道汇合，直达宜春慈化。从株潭镇经株山村、后槎村到宜春市区的公路，与进出周家大屋的乡村公路交织成网。

周家大屋所处的自然地理环境，对其农业生产也有重要影响。据村民介绍，在村庄附近的丘陵地带曾经种植过一些经济作物，但主要作物还是水稻。为了灌溉大屋周边广袤的农田，这里修建过不少水利设施。从亭下朱溪桥到株潭镇的河段，依次修建了梅花潭陂、滑石江陂、鸬鹚嘴陂、龙潭上陂、龙潭下

丁家桥

陂、烂柴陂六陂，如今在梅花潭、南陂，依然保留着这些水利设施的建筑遗迹。为了将水从河床引到地势更高的稻田，与水陂配套的还有挽水的筒车。为了充分利用丰富的水利资源，沿河两岸往往还会建造水碓。

在建造大屋时，周氏族人就地取材，先后在大屋西侧取土做砖，挖出了大小两口水塘。小的叫“月塘”，呈满月形，深1. 5米，直径约 20 米，据说是造屋时炼“子泥”(一种黏性强的泥)而成。大的叫“老虎塘”，面积约等于三个月塘，据说是建屋做土砖时取土挖掘而成的，因为形状类似虎形而得名。塘的上方底部有一处涌泉，塘水流而不腐，四季不涸，可用来灌溉附近良田。

作为一栋完整的民居建筑，周家大屋的结构除了并排三列五进的主体房屋之外，还应该包括正门外的围墙。大屋先后建过两道围墙，最外围的第一道围墙仅存基石遗迹，第二道围墙的大部分还在，只是正对大门的门楼荡然无存。围墙在大屋前方围成一个约 3000 平方米的空地，名为“外晒场”。据说过去外晒场内也修筑了两堵墙，将三列房屋前的空地隔开。在房屋前方修建围墙，是万载当地一种比较常见的建筑格局。这或许

月塘

老虎塘

周家大屋围墙

是出于防御的考虑。围墙与主体建筑连成一体，就使得地处旷野中的周家大屋有了一个天然的屏障，这种情形在地处丘陵的聚落与建筑中尤其常见。

周家大屋是一栋典型多开间平面格局的江西天井式民居建筑。周家大屋平面布局简单，为木构架与砖混合使用的结构。几个厅堂的内界面保持了传统木构的做法与雕饰，内房则全用砖墙搁檩的做法，便于在使用时做灵活的分隔。大屋的结构体现为并排三列五进的格局，尤其以中栋最具代表性。按照当地居民的称呼，大屋中轴线上的建筑，由外及里依次是围墙、头门、二门、中厅、中门、官厅、祖厅，三座厅堂前的天井，以及二门与头门之间的内晒场，将整栋建筑分割成五进。

头门是整栋大屋的正门，二门则是进入中栋厅堂的大门。两座门的建筑形制基本一样，不同的只是建筑材料，头门的门框、门槛、门墩使用的都是石材，二门的则是木材。周家大屋的正门在中轴两侧借取次间少许面积，勉强构成比正间稍宽的三开间门廊，廊柱用两层挑手木支托大出檐，上有平板封顶，装饰恰到好处。头门与二门都有两个方形门墩，门框上方有四

周家大屋门楼

周家大屋头门

周家大屋头门内侧门廊

个圆柱形门簪。大屋的居民认为，大门上的四个门簪表明了周家受皇帝旌表的义门身份，是其他民居建筑所没有的，表现出民间长期流传的“门当户对”观念。头门与二门之间，是由砖石铺成的一块空场，中间一条砖石路，连接了头门与二门，两侧各有一堵围墙，将大屋的三列分隔开来，而围墙上的屋檐又构成连接第一进与第二进建筑的长廊，方便雨天时居民的进出。

周家大屋二门

周家大屋二门内侧门廊

二门的门廊与天井之间，在黄浩的测绘图中被标示为下堂（轿厅），但据周家大屋的周庆富介绍，大门内侧的这一空间也是节庆时乐班演奏之地。

黄浩总结了周家大屋的另一个建筑特点，即大屋建筑格局虽然是三天井七开间，但它的下堂（轿厅）与中堂均处理成三开间，所以这一部分给人以九开间的感觉。黄浩所说的中堂，大屋居民又称为中厅，是三座厅堂中面积最大的一个，过去议事、集会都是在中厅。从第三进的中厅进入第四进的官厅，需要经过一道木制的中门。与头门、二门不同，中门的正门是向内打开的。除了正门之外，左右还有两座小门。中门的正门平时都紧闭，行人从两侧门道穿过，每逢重要典礼，才打开正门。周家大屋是一栋前部分九开间、后部分七开间的大宅。大屋第四进的官厅、第五进的祖厅，都与两侧的房间一起构成七开间的格局。官厅平时主要用于举办红白喜事。在举办红白喜事时，人们会在官厅两边的墙壁上张贴对联。

最里面的祖厅，则是供奉祖先牌位、新人结婚拜堂的场所。笔者2005年第一次考察周家大屋时，祖厅的墙上挂有“濂溪

周家大屋官厅

堂”的横匾，以及常见的“天地君亲师”牌位。2007年，祖厅的匾额、对联都根据族谱中的记载进行了调整更换，大屋祖先的牌位也都重新摆放在新的神龛上。据说，过去祖厅里摆放的神主牌位虽然数量少，但是更为精致。祖厅也是大屋供奉神祇之所。神龛的下方开有一个小洞，里面供奉着土地神。

周家大屋祖厅神龛牌位

作为中轴线上的主体建筑，中厅、官厅和祖厅的建筑还有几处引人注意的地方。在三间大厅的两侧，各有一条长10米左右的雕花长凳，工艺精美，造型古朴，因岁月久远已磨得光滑。这种长凳据说是给小孩子观礼时使用的，安置好以后绝对不能移动。雕花长凳在当地民居中常见，但如周家大屋这般在凳腿上有雕花的并不多见。此外，周家大屋是一栋两层的建筑，除了中厅之外，祖厅和官厅的二层都铺满了楼板，一直延伸到二门的门廊处，这同样也体现了大屋建造者雄厚的经济实力。大屋的上层俗称“藏书楼”，本为藏书或藏物之用，由于板片厚实，木质坚固，又叫“跑马楼”。据说抗日战争时期，日寇路过株潭，夜宿周家大屋，有几名来不及逃避的老人与小孩躲进此楼而幸免于难，因此此楼也被誉为逢凶化吉的福楼。

周家大屋是一栋典型多开间平面格局的江西天井式民居建筑。从功能上来讲，天井主要是解决建筑内部采光、通风和排

周家大屋官厅中的长凳

水等问题。周家大屋中轴线上的三个天井，面积大小不一，建筑各有特点，但在功能上除了采光、通风和排水之外，还起着枢纽的作用。三组与天井相交的巷道，以及二门外沿着屋檐的一组走廊，将大屋各处连接起来。各巷道均以红砖铺地，排水沟则以青石条覆盖，厅堂纵横，小巷深邃。大屋中栋的厅堂，以及围墙内的晒场、通道等空间，均为周家大屋的居民所共有。在确保兄弟联居的整体性基础上，大屋中栋两侧并排而建的房屋又通过围墙、独立的大门等设施，保证了相对的独立性。一些极具特色的宅院，如安之居、芝兰室等，也都分散于大屋两翼。建造大屋的五兄弟发展成为周家大屋的五房，分别按照房分居住在大屋中栋的两侧。随着岁月的流转，大屋五房的居住格局也发生了一些变化，例如四房从大屋迁出，在不远处另建

“新屋”正门

“新屋”里的祖先牌位

了一栋有着类似特点的宅院。中栋两侧的房屋格局也随之发生了一些变化，最为典型的就是居住于大屋西南角的五房子孙，将原有建筑格局的朝向进行了调整，改为与大屋正门朝向垂直，并修建了五房自己的厅堂，从而被称作“新屋”。

# 历史人物

周家大屋建成已有两百余年，其所折射的地域社会与周氏宗族的历史则跨越了更长的岁月。为了更完整地反映周家大屋的历史，本章整理的与大屋有关的历史人物，不仅有建造大屋的五兄弟及其后代，还有田下周氏宗族追溯的早期历史人物、明末清初从县城迁居黄茅的周氏族人等。

## 周国宝

周国宝(1328—1389)，字席珍，号允斋，是田下周氏宗族自清乾隆、嘉庆年间开始追认的“迁万(载)始祖”。民国族谱记载，国宝出生于元中期，自幼颖悟过人，成年后潜心经史，但多次参加科举考试均名落孙山。入明以后，国宝得到官府的信任，于洪武二年(1369)被万载知县赵中任命为约正，田下周氏也立籍万载县城西隅一图一甲。

田下周氏的宗族建构开始于清代的雍正、乾隆年间。乾隆十一年(1746)，族谱编纂完成。乾隆二十四年(1759)，合族又在县城田下建造大祠。根据乾隆族谱中整理的谱系可知，周氏宗族将自己的历史追溯到南宋时期的周必大。周必大有两个儿子，次子名拱，徙居湘潭。周拱有一个儿子，名璇。周璇从外地迁到万载，是万载周氏的鼻祖。周国宝则是其第四世。但在周氏大祠建起来之后，由于前三代均无坟碑可考，于是将生活于元明之际的四世祖周国宝奉为始祖。嘉庆三年(1798)，田下周氏重修族谱，将族谱中的“迁万(载)始祖”正式确定为周国宝。

### 周仲信

周仲信是周国宝第三世孙，生卒年月不详，生活年代在明前期。仲信于景泰四年(1453)输谷一千二百石助赈，受到朝廷的表彰。

仲信是田下周氏在建构宗族历史过程中一个重要人物。景泰四年(1453)受旌表时，仲信在县城的田下建有一座宅院，其房屋基址后来成为田下周氏大祠的基址。仲信的直系后裔人丁并不繁盛。清初建宗祠、修族谱时，能联系上的仲信后裔，只有寄居宜春金瑞的一支，也是衰微寥落，其第十三世孙爰儿去世后妻子改嫁，留下孤苦无依的两个儿子，大的七岁，小的四岁。负责乾隆修谱与建祠的族人周光大收留了这两个孩子，抚养成人，助其娶妻生子，延续了仲信的宗祧。



### 周德馨

周德馨(1573—1641)，字绍南，号三峰，一字尧七，周国宝第十世孙。明末时，德馨由县城迁居黄茅，并广置田产。

### 周爰试

周爰试(1653—1705)，字以功，周国宝第十三世孙。爰试不仅亲身经历了康熙十三年(1674)的战乱，而且还要面对战乱之后田园荒芜的窘境。他努力劳作，完纳了家中拖欠的税粮。平日与兄弟和睦相处，在分家析产时有谦让之风。乾隆四十九年(1784)，因孙子周继德一家被官府旌表为义门，爰试也被奉入县城忠义孝悌祠内。

## 周继德

周继德(1709—1795)，字尽美，号浑园，周国宝第十五世孙。民国族谱的家传中记载，他因为家境贫困，弃儒从商数十年。平日乐善好施，善待族亲。乾隆四十九年(1784)周继德一家被朝廷旌表为义门，继德本人也名列忠义孝悌祠内。直到今天，周继德后裔所居住的村庄仍以义门为名。

## 周继烈与辛氏

周继烈(1706—1730)，字功盛，周国宝第十五世孙。义门鼻祖周爰试有两个儿子，次子周志翰三十四岁时妻子陈氏去世，不欲复娶，过继兄长周志垣的次子继烈为嗣。继烈自幼勤谨，甚得父兄欢心，读书后也被寄予厚望，可惜英年早逝，去世时年仅二十五岁。其妻是铁山界辛茂淑的女儿辛桂香，她为继烈生下遗腹子周金瑚，孙辈即在株潭建周家大屋的五兄弟。继烈去世时，辛氏只有二十一岁，上有高堂，下有遗腹幼子。以常情而论，如果辛氏提出分家的要求，对改善孤儿寡母的生活条件是大有裨益的。但辛氏并没有这么做，而是秉承义门同居共财的家风。乾隆四十三年(1778)，官府奉旨给银建坊，旌表辛氏的节孝。辛氏九十寿诞时，进士辛从益特意为其撰写了寿序。

## 周金瑚

周金瑚(1730—1779)，字绍珊，号珍堂，周国宝第十六世孙。身为遗腹子，为了让相依为命的寡母感到欣慰，金瑚自小就秉承父亲的志业，专心读书，极为勤奋，与堂弟周金璞、周金华同游万载教谕鲁鸿之门。金瑚聪颖好学，常常得到师友的嘉奖，但多次科举考试均失利，四十多岁时才援例入太学。因为常年读书，日常家庭的生计开支等事，金瑚全都交给堂兄弟处理。由于母亲辛氏坚持同居共财，金瑚又忙于举业，所以家庭的经济条件并不是很宽裕，所生五子均因家中贫困而未能读书。金瑚娶妻车陂头李嗣贤之女菊秀，除生子五人外，还有一女名九姑，嫁给县城田下郭氏的郡庠生郭集成。

## 周淑仁

周淑仁(1755—1826)，又名治新，字允诚，号慎斋，周国宝第十七世孙，周金瑚长子。淑仁自幼聪颖，爱读书，但成年后多次参加科举考试都失利了。父亲周金瑚去世时，淑仁才刚十五岁，母亲又身体不好，诊治的医生也束手无策，于是周淑仁决定放弃举业，研读医书药方，亲自为母亲配方熬药。母亲病故后，淑仁尽心侍奉祖母。嘉庆十五年(1810)，淑仁兄弟五人一起在株潭丁家桥建造了周家大屋，为了督促子侄辈读书向学，专门建造了馆舍、书室，延请名师督课不懈，子侄辈中颇有科举中式者。

## 周淑德

周淑德(1758—1816)，字秉懿，号廉斋，周国宝第十七世孙，周金瑚次子。因父亲去世，家境艰难，兄长周淑仁习医，淑德则经商致富。因为乐善好施、关心族人，被合族推举为族长。嘉庆二十年(1815)，蠡山军户周氏向官府举报田下周氏为遗漏军户，双方发生诉讼，田下周氏被控者五人，淑德位列第一。淑德找出证据应诉，最终胜诉。淑德平时特别重视结交本县知名的文人学士，比如他在南昌经商时，就与进士辛从益结识。同时，他对子侄辈的教育也极为重视。周家大屋建好后不久，周淑德即因病去世。

## 周淑芬

周淑芬(1763—1846)，字芳馥，号绣圃，周国宝第十七世孙，周金瑚三子。幼好学，长大后弃儒从商，家资巨万。生性好善乐施，热心资助宗族事务与地方文教事业。重视子侄辈的文化教育，延请名师教授子侄。道光年间，各区纷纷建立义仓，黄茅亦建有义仓，名常丰仓，淑芬助谷三百石，获官府表彰。

## 周淑文

周淑文（1771—1823），字仪祖，号容斋，周国宝第十七世孙，周金瑚四子。义门分家后，兄弟五人择株潭丁家桥另建联居大屋，淑文专董其事。淑文的理家之才不仅为兄弟所倚重，也得到田下周氏宗族的认可，举族请其经理祠事十余载。淑文生性平和，且好行善事，颇受人敬重。

## 周淑彬

周淑彬（1774—1837），字崇质，号文峰，周国宝第十七世孙，周金瑚季子。生平慷慨好义，无论是捐建县城田下周氏大祠，还是捐建三区龙冈书院，淑彬都与兄弟积极赞襄其事。道光十二年（1832），年成不好，淑彬自己出资买谷备荒，夏天谷价昂贵之时减价卖给族众，族人受惠者甚众。与其兄长一样，淑彬虽是商人，却喜欢与读书人交往。对于族中的读书子弟，淑彬无不加意栽培。

## 周树华

周树华（1785—1865），字融孙，号绮园，一号实林，周国宝第十八世孙，周淑仁次子，出继周淑德为嗣。幼聪慧，好读书，但功名蹭蹬，至咸丰十一年（1861）才获得恩贡名号。晚年做塾师，授徒甚众。树华轻财重义。道光年间，黄茅、株潭分别修建常丰仓与永丰仓，树华积极捐谷捐银。县城兴复田下周氏大祠，黄茅兴建祀奉迁居祖德馨公的南公祠，树华也出力甚多。还两次参与并主修族谱。

## 周树蒲

周树蒲（1793—1876），原名锡永，字万孙，号子骏，一号敏甫，周国宝第十八世孙，周淑文长子。曾积极参与宗族与乡里的各项义举。道光二十一年（1841），周淑芬倡议改建田下周氏大祠寝堂时，树蒲正好负责管理祠事，偕各房长踊跃赞襄。周淑芬去世后，树蒲又继承其遗志，与族众一起完成了官厅、大门、门楼等的修建工程。同治四年（1865），树蒲协助堂兄树华一起重修族谱，并撰写了《广生公享堂记》等文。因为对宗族事业的积极推动，树蒲得到族人的爱戴，被推为一族尊长。八十多岁时，他终于获得副贡的功名。

## 周树丰

周树丰（1802—1872），字彭孙，号豫农，周国宝第十八世孙，周淑文次子。科场失意，家居数十年。晚年时，因子孙众多，家计维艰，不得不外出远游。当时，他的好友卢昆銮正在广西任官，树丰于是坐船前去投奔，至署即被聘为幕宾。后来孙锵鸣任广西学政，听闻周树丰的名声，也邀请他批阅试卷。咸丰七年（1857）后，树丰在外做官。同治四年（1865），卸任归来的树丰受命协助树华、树蒲等人重修族谱。

## 周濬川

周濬川（1807—1880），字垂英，号海帆，周国宝第十九世孙，周树华次子。少时颖悟过人，深得父母欢心。成年后科场失意，遂对教育晚辈情有独钟，所教的学生中式者颇多。晚年喜读奇书，好吟咏，怡情于花木之间。尽管家境贫苦，身无长物，但濬川能泰然处之，守分安命。

## 周敬修

周敬修（1836—1893），字春华，号笃斋，周国宝第十九世孙。其父周树端为周淑芬四子，英年早逝。敬修自幼刻苦读书，但成人后参加科举考试均失利。尽管如此，敬修仍能泰然处之。

## 周培冈

周培冈(1824—1889)，字寿初，别字如山，周国宝第二十世孙，周淑文曾孙。其父周焕模因病早逝，留下了二十七岁的妻子李氏和两个孩子，幼子培冈当时才一岁。寡母李氏将培冈视若掌上明珠，同时严格督促培冈读书，因此培冈学业有成。光绪初年，培冈成功地阻止了客民争地的行为，详情见本书《文献》。

## 周士铨

周士铨(1842—1903)，字钧化，号衡甫，周国宝第二十一世孙，周培冈长子。幼聪慧，能全文背诵《毛诗》。但成人后参加科举，多次都名落孙山。后行医。父亲去世以后，士铨悬壶县城，颇有声誉。

## 周木欣

周木欣(1872—1929)，原名杰，字柏亭，号俊卿，周国宝第二十二世孙。光绪二十八年(1902)，万载知县张之锐在县城北龙河书院旧址创办宏文师范馆，木欣即毕业于此。家素贫，读书非常刻苦。从事教育工作，所教学生多有成才者。平日钻研中西医学，医术甚高，在县城组织医学研究社。江西省长戚扬知之，赠其“善与人同”匾额。

## 周埮

周埮(1877—1949)，原名如埮，字晓亭，号晴峰，周国宝第二十二世孙。周埮是民国时期江西知名中医，至今仍然有不少故事在民间流传。

周垓一生烟瘾颇重。一次，弟弟患痢疾，腹痛难忍，催他治病。他正好烟瘾发作，只得草率地开了几味药，结果连服数剂均无效。弟弟再找他，他说：“那天要你等一下，你又等不得，我自己都在犯病(烟瘾)，怎治得好你!”他诊罢脉，拿起原处方稍加改动，弟弟服药后很快就好了。周垓为人正直，同情穷人，藐视富豪。穷人求医，他有求必应，有时还不收诊金并周济药费、招待茶饭。而富豪人家请他看病，则不备轿子不去，富豪家传言：“宁愿死个人，不请周晓亭；宁愿黄土壅，莫喊周晴峰。”周垓于 1949 年 7 月病逝。他的主要著作《晓亭医案集》《晴峰诗集》《忠孝献词》等，均刊印传世。

# 民俗文化





## 一、婚嫁

《株潭镇志》[①]记载，在过去，婚嫁过程非常讲究排场，程序繁多。青年男女的婚姻由父母包办。家中孩子到了一定年龄，父母便会为其托媒求亲，由媒人访到合适对象之后，征得女方“八字”（出生年、月、日、时），再请算命先生把男女八字相合。如无“冲克”，媒人便将女方提出的礼单送交男方，再由男方择定成亲吉日，是为“定亲”。

成亲之日，男女双方家庭均大办喜宴，广邀亲朋。成亲之日男方家派出迎亲队伍（带着花轿、彩竹、灯笼、旗、锣、唢呐等），去女方家接亲吃早餐。迎亲队伍多由新郎的舅父带队，充当“铳手”，并要带鲜鱼、猪肉到女方家，称“轿下鱼肉”。当迎亲队伍到女方家附近时，须由铳手鸣放四管铳预告女方家（俗称“打报信铳”），示意迎亲队伍即将到达。如遇女方家客人正在吃早餐，迎亲队伍须在门口稍事停留，待女方家准备妥当，迎亲队伍方可进入女方家厅堂（女方家迎接迎亲队伍燃放的爆竹也由铳手从男方家带来）。然后，迎亲队伍再用早餐。女方

① 本章内容，除了访谈资料，主要参考了1996年版《株潭镇志》的第十一篇《社会民俗》第一章《民情风俗》的相关内容。2002年冬天笔者第一次到株潭进行田野考察时，卓传序先生惠赐《株潭镇志》一部，特此致谢。

家用过早餐后，先发嫁妆(礼担、衣箱、橱、桌等家具)，后发花轿(新娘坐轿内)。发嫁妆及发花轿时，均由铳手负责燃放爆竹。女方家向花轿撒豆、米、谷等物。花轿前配以彩竹、灯笼、旗、锣、唢呐等。媒婆坐棚轿随花轿之后。迎亲队伍吹吹打打将新娘送到男方家厅堂。旋即厨师端来一碗鸡蛋，称“落座碗”，新娘接了“落座碗”不久，便被引入洞房。然后，新娘由洞房出来，新婚夫妇双双站立厅堂，进行“拜茶”：先拜天地、祖宗，再拜父母，然后礼拜各位长辈。受拜者均须赏钱，称“拜见礼”。“拜茶”后，新娘仍回洞房。中午有丰盛的午宴。晚餐，新娘由媒婆陪同坐首席首位。此后，还要举行“赞烛”仪式。“赞烛”时，舅父先在厅堂点燃花烛，再喝彩(呼祝词)，喝彩时要吹唢呐。接着，其他亲朋跟着喝彩。在厅堂喝彩后，舅父、新郎及吹唢呐者还要到厨房喝彩感谢厨师。然后，亲朋进入洞房划拳饮酒，称“闹新房”。“闹新房”后，由长辈(多为舅父)在床前喝彩并撒麻、豆、米、谷，称“煞帐”。“煞帐”后，新郎、新娘双双进入洞房就寝。

第二天早晨，新娘要在牵新娘者的陪同下在厅堂给亲朋好友端茶(茶内放有姜、豆、椿、红萝卜丝等食物)，称“端新人茶”。这天早餐称“发客酒”。早餐后，主家应燃放爆竹欢送亲朋好友回家，称“发客”。中午，主家要办“洗厨酒”，宴请主厨者和帮杂人等。

周家大屋的婚礼仪式都会在中厅举行。大屋的祖厅一般只摆设祖先神位和香几，无论红白喜事，都不准在此摆桌，但新人“拜茶”是需要在祖厅举行的。在婚礼仪式中，大屋里的族人都会帮忙，专门负责仪式的称为“礼房”，各种喜联、堂帖都由其负责。娶亲仪式中很关键的一个仪式——“写轿联”，也是由男方的“礼房”写好一半，到女方家后由对方再写另一半，以成完璧。

婚礼仪式一般会有专门的乐班到场。当有客人抵达时，伴随着迎客的鞭炮声，乐班进行演奏。而在新人进行“拜茶”

婚礼中的周家大屋祖厅

等仪式时，乐班也在旁演奏。笔者参加过一次婚礼，主人邀请了由六人组成的得胜鼓乐班进行演奏，高潮时鼓乐齐鸣，现场极为热闹。

周家大屋官厅中摆设的婚宴用桌

婚礼中的周家大屋外景

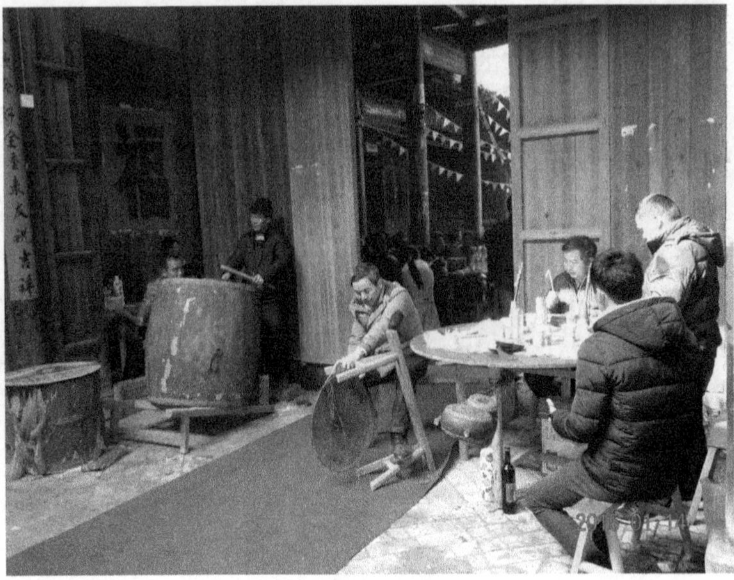

演奏中的乐班

## 二、丧葬

《株潭镇志》记载，过去株潭一带的丧葬仪式非常繁复。人将死时，其子、女等直系亲属均须坐守床前，聆听遗言，送别死者，称“送终”。人死后，死者家属要为死者洗抹身躯，再穿衣戴帽，称“装死”。“装死”后，死者家属把尸体抬入厅堂，放入棺中，称“入棺”。然后死者家属派人去通知亲朋，称“报死”。子、女去“报死”均须下跪，称“跪门”。如母死，子、女须戴孝亲自到外婆家“报死”。家中要设立灵堂，子、媳、女、长孙等（俗称“孝子”）均披麻戴白，手执“雪棍”。亲朋族友带着香烛、草纸前来吊唁，称“烧香”，“孝子”均须下跪回拜。“孝子”选定吉日，把棺木抬出屋外，称“出柩”。埋葬死者，称“还山”，“还山”的时辰一般在上午。

人死后，有的人家请道士“起符”“戒灯”“救苦”，超度亡灵。有的建醮半天至七天不等，请道士念经，烧纸化符；有的设祭堂，亲朋好友以祭文告慰死者。“还山”路上，视路途的长短而分别设几场“路祭”。家境比较富裕者，“还山”时，“孝子”对前来送葬的人按身份分别发以小白布块或长白布，称“发白”；对抬棺木者（俗称“八仙”）要发长白布五尺、罗布巾和草鞋。从人死之日起，孝子每隔七天要给死者焚香、烧纸、供饭，直至七七四十九日为止，称“迎七”。人死后的第一个中元节（农历七月十五日）之前的几天，亲朋要带着草纸包（俗称“钱包”）、猪肉（通常为一斤半）到死者家送“新纸”（或称“新包”）。

周家大屋的丧葬礼节中，负责题写挽联、堂帖等文字内容的，是被称作“库房”的男子。老人去世后，棺木可以摆放在大屋，但不能摆在供奉祖先牌位的祖厅中。通常来说，年过花甲的逝者，棺木可以摆放在官厅；未满花甲者，则只能放在中厅。大屋举行丧葬仪式，有时会请道士，更多的还是由本族内熟谙礼仪的文化人（称“祭先”），在“出柩”“还山”等程序中念诵祭文，主持相关仪式。

## 三、傩舞

在周家大屋的节日仪俗之中，春节的结束是以一场“跳魈”作为标志的。据周秀云老人讲，过去每年的农历正月十七日，大屋都要接马鞍岭的傩神，举行一场傩舞表演（俗称“跳魈”）。

傩是一种见载于先秦文献的古礼。清代万载地方文人在为马鞍岭傩神追溯起源时，就引用了《周礼》《礼记》等儒家经典中的话：

傩之设，盖自古而然矣。按《周礼·夏官》，方相氏掌蒙熊皮，黄金四目，元衣朱裳，执戈扬盾，帅百隶而傩。又《礼记·月令》曰，季春命国傩，以毕春气。仲秋天子乃傩，以达秋气。季冬命有司大傩，出土牛以送寒气。谓之大傩者，下及庶民皆得傩也，所谓乡人傩者是也。然其等，有天子、国家、庶民之异，而其义取宣节四时之气，非特索室逐疫而已，盖古礼之盛者也。故以孔子之圣，必朝服以礼宾乡人而尊古礼，然而未著其为何神。①

《周礼》《礼记》等儒家经典中所记载的傩礼，其主要特征就是仪式人员头戴面具，在每年的特定季节举行，目的在于“宣节四时之气”“索室逐疫”等。古傩礼中并没有特定的神灵。到了清乾隆至道光时期，万载县境内不仅有了共同认可的傩神，而且陆续修建了一批傩神庙，这些傩神庙祀奉杨吴将军欧阳晃，一共有七座：

一在耕畬坊，名耕畬庙；一在邑北范塘；一在沙江桥，名沙江祠，明初丁姓建，国朝嘉庆间重修；一在马鞍岭，名马鞍祠，嘉庆三年熊姓募建，道光二年复募扩修；一在下罗，名下罗祠，道光三年汤竹轩裔重修；一在槠树镇上街河背古汤，汤

① 《马鞍岭欧阳神记》，载1943年《万载荷溪熊氏族谱》卷末。

沙江桥傩神庙

姓募建，一在县署旁万寿宫内，嘉庆间募建。①

这些傩神庙中，最早的一座由沙江桥丁氏所建，康熙版、雍正版的《万载县志》均称该庙为“沙江祠”。到了嘉庆、道光年间，“沙江祠”改名为“傩神庙”，另有多座以傩神为名的庙宇陆续修建，并被载入方志。其中，嘉庆三年(1798)由熊氏宗族募建的马鞍岭傩神庙，在民国《万载县志》中留下了丰富的信息：

县境傩神以马鞍岭为最灵，其住庙供奉香火及乡间奉迎诸神、禳灾保病者，俱系熊姓人照应一切，数十百年历有修葺，俱系熊姓出首募捐。当春行傩，凡戴大神及念香眷，亦均熊姓为之。每到人家，规矩严肃。而神之最老者，惟黑容威武大将军一尊，乃龙才文本宅奉祀之神，历有约据，祖宗遗迹无他意

① 转引自毛礼镁：《江西傩及目连戏——宗教民俗文化研究》，北京：中国戏剧出版社，2004年，第100页。

也。近年修造，曾题一联，亟欲分注于下，而一字都忘，不到堂皇半月，病少愈纳凉，彭某忽以银花小供奉相质。曰：“此何来?”曰：“此先生题马鞍岭傩神祠联也。汝能记，即录云：‘金甲大将军万载驰驱马鞍在，银花小供奉两尊威武龙门来。’”盖傩神通称欧阳金甲大将军，马鞍岭则庙所在地。习惯年以正月初一始傩，谓之“出案”，定于十五日清晨至龙才文公祠，凡得与祠祭者往迎，敬神以敬祖也。神到人家，率以银花插神帽，故云银花供奉，又十五佳节也。咸丰初年曾由龙姓陪修一尊，亦系黑容，故云两也。祠中供奉后，香花爆竹通宵达旦。庙有兴作，才公嗣裔悉在人先。联语录后，静中时闻檀香，问旁座闻否。盖傩神最著灵异，时必先有檀香绕室，意者其神乎?①

龙赓言是清光绪十六年(1890)进士，也是万载县历史上最后一个进士，曾历任知县、知州等官职。辛亥革命后，龙赓言回到了他的出生地株潭石塘的凫鸭塘，主持编纂了民国《万载集贤龙氏族谱》和民国《万载县志》等。石塘与株山丁家桥地处蜀江的两岸，都是马鞍岭傩神庙每年“出案”的固定地点之一。据《株潭镇志》记载，在民国以前，每年春节期间本镇盛行接傩神。农历正月初六日至十六日，株潭街市上几乎天天都有傩舞队上街演出，且风雨无阻。上街时，傩舞队都配有唢呐、锣鼓、凉伞、旗等，有的还扎有“台阁”。家家户户都准备鸡、肉、鱼、麻糍、果品、香烛等供品迎接。到株潭街市上演出的，有株潭及其周边的八九支傩舞队。每支傩舞队上街后，都要先到万寿宫的戏台上公演，然后根据一些家庭的预约，再分别到他们家中去表演(俗称“跳魈”)。龙赓言记载的龙氏祠堂正月十五日迎接马鞍岭傩神的仪式，应该也会在每年正月十七日于周家大屋的中厅上演。

① 张芗甫修，龙赓言纂：民国《万载县志》卷二之三《营建》，1940年铅印本。

募建傩神庙，并且承担了傩神“出案”等仪式活动的熊氏，其迁徙至马鞍岭居住是在明末。明嘉靖年间，原本住在万载荷溪的熊俊茂因人丁寥落，听从堪舆家之言，迁徙至距株潭不远的后槎居住。① 五代单传之后，明代万历末年，熊应海（1607—1629）又迁徙至十三都一图的马鞍岭居住。迁居马鞍岭之后的熊氏，随即经历了明末清初鼎革之际的兵燹。如熊应海之子熊尧会（1626—1701）就差点葬身清初的“甲寅之变”：

甲寅之变，棚寇揭玉卿、朱君平辈借吴逆声势，盘踞上乡，肆其掳掠，又驱令供顿。畏祸而无识者多蓄发顺从，公独曰：“圣朝之兴已三十年，政令和平，百姓苏息，诸贼弄兵潢池，如鱼游釜中。吴逆行将见诛，贼不久当扑灭耳，吾惟善逃遁以避之其可也。”竟不蓄发，率其家属走浏阳避之。未几为棚寇所获，并及其妻孥，逼取其财无所有，诘以不蓄发欲杀之。公诡曰：“吾固大王民，以头疮痛甚，今暂剃发。”贼相其头疮，以为不足杀也，遂释之，且保其妻孥。其后复遇贼，公以好语诱之，复自脱。②

但也是在这样的乱世之中，熊氏逐渐增置产业，巩固了其在马鞍岭的地位。熊尧会之子熊仕魁（1667—1731），就抓住“甲寅之变”时“田畴荒芜，赋税峻急，人以无田为幸”的契机，“买田数千，与弟创建房屋，巍然焕然”，“今其子孙得遂其安居作息之乐者，皆公遗也”。③ 对于马鞍岭熊氏来说，另一件更为重要的事情是在清初顶充了十三都一图的图甲户籍。熊应海定居马鞍岭时，所购置的地产原为“龙氏之弃地”。同时，“里中版图旧有谢氏，当鼎革之际已无孑遗存者。公既售其基而居，遂益富盛，其后遂立其都图，遽创业垂统”。④ 都图甲户籍贯册

① 《时芳公原传》，载1943年《万载荷溪熊氏族谱》卷末。
② 《纹友公传》，载1943年《万载荷溪熊氏族谱》卷末。
③ 《旭元公传》，载1943年《万载荷溪熊氏族谱》卷末。
④ 《绍华公原传》，载1943年《万载荷溪熊氏族谱》卷末。

记载，熊氏以熊谢生之甲户名，顶充原本的谢子玉之甲户名，是在清初的顺治九年(1652)，也就是熊尧会在世时期完成的。熊氏顶充谢氏，不仅是在赋役方面的顶充，谢氏原先祀奉的神灵也一并被熊氏顶充。

在万载以及一些傩神庙较多的地方，都有一个说法，即“先有傩神，后建傩神庙”，这大体上是文化发展的反映。马鞍岭熊氏的傩队，在乾隆年间的影响已经扩展至宜春、萍乡、浏阳等地，于是在嘉庆三年(1798)建起了一座傩神庙。据庙中保存的捐款碑显示，首倡募建傩神庙的熊氏族人，主要是文斐、文学、文取、文忠、文高、文魁、文星七兄弟，他们是熊仕魁之孙。而参与捐建的，包括马鞍岭附近的龙、汤、王、刘、丁、高、周、陈、徐、殷、阳等姓氏的人，以及僧人如承宗、广学等，商号如世昌铺、大兴铺等。熊氏族谱记载，庙最早是由熊氏垫资建造的。咸丰十一年(1861)，傩神庙进行了扩建。光绪十五年(1889)春，傩神庙再次扩建，前面建牌楼，后面建

马鞍岭傩神庙捐款碑

寝堂。

根据史料以及后人的口碑资料可知，马鞍岭傩神庙祀奉的傩神来历有着多种说法。第一种说法认为，傩神从外地飞来，栖息在其乡树上，谢氏迎取并祭祀之。第二种说法认为，马鞍岭傩神与慈化寺有关。据传说，一位家居此地，而在慈化寺当和尚的谢姓之人，一日回家见其家乡瘟疫盛行，为了保家乡平安，将供奉在慈化寺的一尊傩神像移到下马鞍岭的一座小庙内供奉。第三种说法，则是清代较为流行并成为主流的说法——傩神即欧阳金甲大将军。为乾隆十一年（1746）荷溪熊氏族谱撰写过谱序的杨维鉴，也写过一篇描写马鞍岭傩神的《万民衣伞疏》。

在嘉庆、道光年间，马鞍岭傩神庙供有三座傩神。通常情况下，傩神并不供在庙中，而是由信众请回家中供奉，每届傩神生日或春节“出案”方才送回。道光二十九年（1849）三月二十一日，信士龙尚富接马鞍岭傩神庙的大将军神像至石塘的家中供奉，以祈求疾病痊愈。他在将大将军神像送回马鞍岭庙时，不慎摔坏了神像。石塘龙氏因此捐助香钱，不仅将原来的神像修补完好，而且另外塑新神像一尊，名曰“新大爷”。

马鞍岭傩神庙的运转维持，依靠庙会与族众会两个独立的系统。庙会管理傩神庙的日常维持，特别是每年到各地“出案”的活动。庙会没有田林产业，经费主要来源于“出案”、捐助等。庙会的组成人员包括全体熊氏族人，以及少数由熊氏邀请共管傩神庙者。族众会是马鞍岭熊氏宗族的一个傩神庙管理机构。熊氏族众会有不少田地和山林产业，“出案”仪式也多由其派人表演。不仅马鞍岭傩神庙的建造主要来源于熊氏的捐助，而且续修神像、修缮庙宇等活动所需经费，在清末民国时期都由熊氏族众筹集。

据20世纪80年代万载当地文化工作者的调查，民国时期马鞍岭傩队曾有过一个名师，姓名不详，外号“黄狗子”

(1868—1944)，此人不仅精通傩舞技艺，而且是傩队的组织者。他不但把马鞍岭傩队的演技训练得娴熟，而且四处传艺，双桥龙田傩、高城里山傩、岭东蓝田傩等均由他亲授。他传艺的足迹还远到宜春慈化、上高田心等地。

如今，周家大屋的官厅内不再有马鞍岭傩队的身影，而在大屋外围新建的后人住宅中，则有其他傩队因通婚等关系而受邀前来“跳魈”。

熊氏族谱中的傩舞艺人与傩神像照片

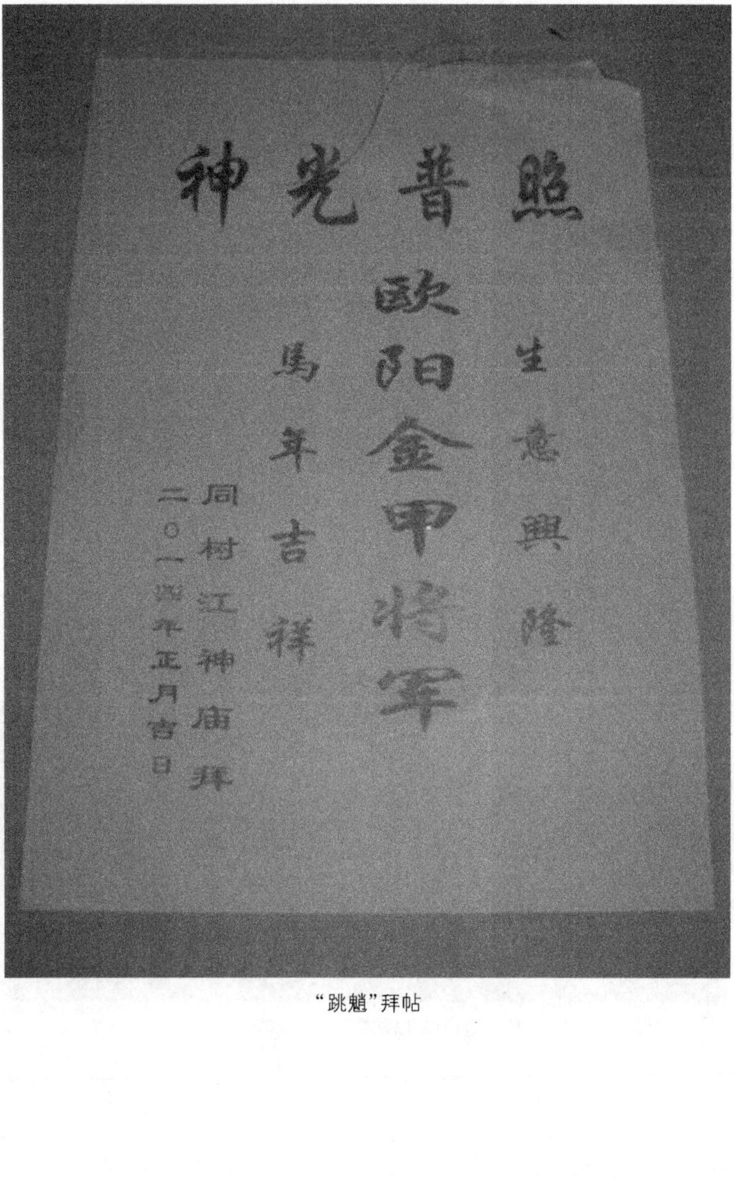


“跳魈”拜帖

傩舞之“功曹”

傩舞之“杨帅”

傩舞之“判官捉小鬼”(1)

傩舞之“判官捉小鬼”(2)

傩舞之“判官捉小鬼”(3)

傩舞之“点兵”

傩舞之“团将”(1)

傩舞之“团将”(2)

傩舞之“团将”(3)

# 文献

本章辑录的周家大屋所属田下周氏宗族的族谱文献资料，主要录自 1937 年、1993 年的《万载田下周氏族谱》。

## 一、谱序

### 乾隆十一年丙寅重修族谱原序

#### 原序一

自古仁人孝子，砥行于家；义士忠臣，立名于国。家则传之以谱，国则纪之以史，是修谱与修史立体不同，而为用则一，盖教孝作忠之意，于是乎寓有心者自不能已。予自雍正甲寅出宰康城，康城僻在山谷，土厚水深，民驯士雅，号称易治。且报本反始，人有同心。比年来诸望族迭修谱牒，其因予弁首者颇众。顾予谫陋，簿书鞅掌，不暇文辞，往往重违其请，心甚愧焉。今年春，自京师归，檄调武宁。棹舟之初，知周生定昌通儒业，志美而行修，更精岐伯、巫咸术，爰征偕行。抵署后，共数晨夕，相得极欢。越数月，因重修族谱告归。从容愉婉，以谱序请。予雅重周生之为人，不获辞。因披览旧牒，得悉周氏自濂溪先生裔孙，宋淳熙右丞相必大之孙，拱公之子璇公者，由湘迁万，传至国宝公，奉为田下始祖。数百年来，勋名甲第炳炳烺烺，节义文章彬彬郁郁，谓非璇公之所留贻，到于今勿替者哉！尝思谱系之难也，贵乎闻见真而考订核。今周氏之谱，有老成耆硕创作于前，有少年英俊继述于后，去小疵而还大醇，其分支派则源流晰，序昭穆则爱敬彰，标传赞则幽光发，表宅里则声施永，详邱墓则感慕深，纪生殁年月则礼事备，书婚嫁姓氏则洽比隆。君子观于乡而知王道之易易，诚以家国无二理也。则兹谱也，不且与国史异体而同用哉！夫教孝作忠，广宣王化，贤有司之责也。余自分无能为役，顾勉作是序以答之者，董重周生之为人，更嘉予此举，上以显扬先世，下以垂裕后昆，求忠于孝，不在兹乎？

## 原序二

今天下车书一统，文教覃敷，上自王朝，下及公卿士庶，罔不以次世谱、立宗法为兢兢，岂非以郅隆之世，仁渐义摩，自仁率亲，自义率祖，咸尊尊而亲亲欤？吾万载田下周氏代有伟人，素称康城望族。言之大祖妣，田下德政先生所出也，为之溯其外家所自来，固有杰出于寻常者。其发源之祖敦颐，以著述驰名当时，后世莫不宗之，故数传至旋公，避寇由湘潭徙居城西田下。其后世泽相承，布散流衍，迄今英才蔚起，行将簪绂联辉，照耀先烈，有不愈久而愈昌乎？今周族萃文人杰士，兢兢以纂谱为急。乾隆已未冬，举光大、继盛为纂修，博考遗文，搜罗旧牒，纂辑成帙，持稿见投。予与光大夙有姻娅好，继盛又吾门高弟，两君博学能文，名噪黉序，而思及于木本水源，予欣慕不置焉。及览斯谱，知周氏之系派，其间不特来处清，本支明，而且昭穆秩然，则老幼尊卑，毫无搀越，亲疏远近，各有等杀。及生年殁日，婚配子女，坟墓碑碣，举无遗漏，大书细书，直吊横推，累累如贯珠。借非纂修编修及校阅参订举得其人，乌能至详且备如此？而吾因是有感焉。今世士大夫家，往往著作汗牛马、充栋宇，而于谱系一帙，漠不加意，盖亦忘其本务者矣。昔苏明允云："观吾谱者，孝弟之心可油然而生。"又韩魏公云："谨宗族，为孝之大。"则知谱也者，原非夸笔墨、逞胸藏，衍才人学士之文章已也。实二君尊祖敬宗之心行乎其间，将见家知爱敬，户敦仁让，瓜瓞云礽之盛，佑启人科第蝉联之休，绳其祖武，又岂徒流誉宫墙、蜚声椽署而已哉！《诗》曰：“燕及皇天，克昌厥后。”又曰：“既受帝祉，施于子孙（孙子）。”可为周氏赠矣。

## 原序三

尝读《周官·小史》“奠世系，辨昭穆”，而知谱牒之作，非自今日始也。程子曰：“所以正人心而厚风俗者，必自修谱牒始。”无谱以纪之，则于敬宗收族之谊不明，曷怪其孝思衰薄，视一本为途人哉！我族自汝南传代以来，必大之孙，拱公之子璇公者，由湘潭徙居万载，田下有周氏，固璇公为之鼻也。经历二世、三世，均无坟碑可考，因奉四世国宝公为始祖，崇实也。但旧有谱牒，数经兵燹，卷多残缺，每抚膺叹息。己未冬，商诸族众，访求遗文，汇纂粗就，而公财告匮。延七载，丙寅春复议纂辑，命大董其事。不揣固陋，爰取旧编，再加考核，补阙订讹，族咸襄助，幸诸公之相与有成也，庶几可告无憾矣！观斯谱者，岂徒明其世系昭穆哉！当念木本水源，敬宗收族，百世不忘也。古人云：“大庙之内不期敬而民敬，墟墓之间不期哀而民哀。”自祖先以来，生年卒葬，具在于是，可不念欤？其谨婚配，垂宗规，示祭仪，与凡序说传记，无乎不备，则家之有乘，不堪拟国之有信史乎？是为序。

## 原序四

老泉苏氏有言曰：“太上立德，其次立功，其次立言。”谱牒者，立言之端也。第世尚浮夸，人习繁文，士大夫家往往著作汗牛马，充栋宇，而于谱牒一帙，漫不加意。噫嘻！盖亦忘其本者矣。我族谱系经修在前，其间世系源流，人文宦迹，居址坟墓，以及生娶殁葬，炳如日星。后叠遇兵燹，世远年湮，谱牒虽存，大约仅留什一于千百耳。雍正初，胞兄继才念谱系残缺，恐渊源之失传，屡集族众，聿新家谱，因公费缺乏，止而未果。经今十余年矣，族内生齿益繁，倘不趁时重修，将所留残编，日久渐敝，欲晰其源流，而定其昭穆，何据而求之。今幸丙寅岁，群兴祖考宗德之思，咸切木本水源之志，爰卜吉日，告祖入局，推叔祖光大与予董其事。予自揣才华谫陋，识见拘迂，辞之再三而推之益力，谓谱系族众巨典，人子人孙均宜任劳执事，况尔胞兄屡欲重修，有志未逮，今族公议，尚何容辞？爰同兄鉴夏等，以相与访求遗编，搜讨旧章，汰其冗，订其讹，书其所未书，且颂条例以定其规模，序派次以清其昭穆，严家训而礼教明，设传赞而潜德光，矢公矢慎，越寒暑始告竣。是举也，敢自谓置言哉！毋亦不忘其本，遂吾兄未遂之志而已，抑予尤有进。余族自南宋迄今数百年来，其间人文蔚起，英贤接踵，嗣是父诏其子，兄勉其弟，修于家而献于廷，黼黻乎皇猷得与列公后先媲美，辉映一辙，彬彬称盛焉，是予了昭厚望也。吾族勉乎哉！

## 嘉庆三年戊午三修族谱原序

### 原序一

尝读苏明允文云：观吾谱者，孝弟之心可以油然而生矣。又韩魏公云："谨宗族，为孝之大。"是谱也者，所以尊祖敬宗收族也。我族谱一创于雍正己酉，再纂于乾隆丙寅。由丙寅迄己亥三十余年，又奉功令家户自行核正，族众遂起三修之议。族兄镐因与予及族叔思昌等将原谱考核，略为纂辑，未果。壬子冬，族兄南与予又议修，亦未果。迩来二公相继下世矣。由己亥至嘉庆丁巳，已越五十余年，族众又督余等以蒇其事。谓族中盛举，莫大于创祠宇，倘同心，多方以观厥成，辑谱之费不需十一。且乾隆丙戌，族祖宏毅贤士倡首，敛收丁银起息，以为修谱之资。若吝于增修，不惟数十年嗣息之生殁婚嫁及人物事实茫无可考，即二公之美意不几湮没乎？遂委余与鹤翎共襄其职。余于义无可辞，爰偕族长、族正、房长诸公共相参酌，然后完成其美焉。但厥职亦重矣、难矣！夫辑谱之难莫难于创始。我族之谱，已有房曾祖光大公、族伯继盛公纂集在前，则前人为其难，余不且为其易乎哉！是又不然。古人云："莫为之前，虽美弗彰；莫为之后，虽盛弗传。”天下事固有因时而起者，正不得视为易而不慎重也。爰卜某旬告祖入局，复将原谱翻阅再三，其中均属明晰与紧要者，亦间有繁文与遗漏者，仍请尊长、族正、房长令各支自行删改增添，总期符实迹而止。今告成有日矣。余本不才，不足以胜其任，幸托列祖之灵，得竣事，以副合族诸公之望，又得以遂镐与南二兄之志。虽据诸苏子、韩子所云未必有当万一而起，先房曾祖光大、族伯继盛于九原而不以余是举为罪，幸甚。由是而族列公等更念余或有以佐先为其难者之未逮，而后起者复有以佐余之所未逮焉，是尤余所厚望也夫。

## 原序二

吾宗于万载散见城乡间者，胥各自为族。至由湘潭徙居田下，而分布于黄茅、北江、上峰冲、下园、蒋家渡各处者，则吾族也。族之有谱旧矣。自雍正己酉略经草创，乾隆丙寅，族祖光大公，先大父景中公赓事纂辑，考核详密，有加于昔，嗣是阙如。乾隆己亥及壬子冬，族叔廷辉与从伯父西京，洎先君子静斋公累有志重修，业将家传粗加审定，未经刊修。世系年月之失载者，于今五十余年，非细故也。予束发时，尝闻诸前辈之引憾而私识之。嘉庆丁巳冬，祀事既毕，合族诸公慨然念于众，以族谱当二十年一修，今旷缺已久，若再因仍，必至昭穆无稽，婚葬莫考，靡以示后，且大惧荒坠前人慎重之至意。于是族叔廷辉毅然应曰：“是吾志也。”乃顾余小子而言曰：“若伯父、若父与吾共筹此者有年矣，不幸中道谢世，不及目击兹事之克蒇。今会逢其适，侄可佐助乎?”余既承命襄事，编列既毕，乃复于族长公暨廷辉叔曰：“而今可释前辈之憾，而追前人始事之勤，以补未竟之绪矣，亦犹愿后此之以时赓续也。《语》不云乎：‘莫为之前，虽美弗彰；莫为之后，虽盛弗传。’己酉、丙寅之谱既为之前矣，今之役特踵而成之耳，而人事之左与时会之未然，犹且其难且缓如是。”继此以往，能无望于后此之为之缓者，不以为难而忽之缓乎哉！族长诸公皆曰：“然，盍识其言?”遂书此以引其端。

## 道光八年戊子四修族谱原序

谱牒之例二十年一修，诚恐世远年湮，人丁散处，稽查未易得实也。然斯事也，有届乎将成而竟不获成其事者，即事在必成，而时会适以阻之，有转俟别更一手而后成之者，君子于此心惕惕焉。我族谱系一修于雍正已酉，再修于乾隆丙寅，三修于嘉庆戊午。当时其难其慎，见诸序文者，固披简而往事若揭矣。迄嘉庆己卯冬，时值祀先，族诸公聚首在祠，以我族距戊午修谱之岁二十余年，丁口日增，支派深恐致紊，于是祖荐事毕，重议修谱。佥以族叔迪斋公可胜纂集之任，而华亦谬与其举。越岁告祖入局，各支世系均送局汇齐，所未及者，传记杂述耳。迁延岁久，至道光戊子春，迪斋公始力肩其任，邀集族中生童分别办理，而以一己总成，谱式则备欧苏之体。其时世系生殁及各传记俱经手撰详核，且于邑中望族名谱择其家规条例与先达格训，及《圣谕十六条》，均录之以为一族金鉴，其苦心孤诣，真有对宗祖而无憾者。时华以俗务羁身，未获勷事。且以迪斋叔才学裕如，又兼公慎自矢，当有不俟华而毕乃事者。乃叔以谱牒校定，拟俟冬间观成。岁适大比，率二子业豫章，日夕苦攻，志切凌云。不意体素清癯，秋闱前一病溘逝。噫！族先辈多半谢世矣，叔复继逝，谱牒一事不几善始者不及善终耶！于此以知，时会所存，殊难逆料，天下事大率类此。于是设局黄茅支祠，与诸公重加编阅，未及者补之，未定者参之，兢兢审慎，总期底于尽善而后已。复于大祠引族先辈虚心商订，不敢漫逞己臆。越一月纂就，付之剞劂，而事乃毕。吁！一谱也，而辑之若此其难成。华虽谫劣，敢不竭蹶以完是举耶？颁领在即，所愿读是谱者，知木本水源之归于一，又知本之所发，源之所流，莫不有秩然之等级，于以敬宗睦族，入孝出弟，罔坠忠厚家风，庶不失始辑是编者之至意，斯为厚幸云。

## 同治四年乙丑五修族谱原序

### 原序一

谱牒限二十年一修，原以丁口繁衍，住居星散，世远年湮，猝难稽查也。我族谱牒，初创于雍正己酉，再纂于乾隆丙寅，迄嘉庆三年戊午续修，至道光戊子族人复倡议以修之。始任其事者为迪斋叔，编辑粗定，即赴乡试病故。华奉旭湍叔命，偕族诸公以蒇其事。当其时，其难其慎，华固不敢轻率以从已。兹距道光戊子又三十余载，其不能不赓修也明甚。参议两载，适以续修祠宇不能兼及而止。兹与树丰弟、迪斋叔子树楷共肩其任，当其时，核对缮写诸务，均各得其人。于是谱既成，凡所为颁条例以定规模，序派次以清昭穆，严家范以明礼教，一仍前辈之旧。惟家传一节，略有增载，潜德幽光固不可没也。读是谱者，可以识本末源流之一，凛尊卑长幼之等，于以敬宗收族，入孝出弟，家声从此丕振，斯为厚幸。噫！斯谱之辑，视前此较易为力，然厘世系、考生殁、查居址，诸凡要务，经诸公数载审慎始克备辑告竣。领斯谱者，惟期什袭以藏，勿为亵视，则木本水源之思，惕然而起，斯可以留天性之良而为周氏贤子孙矣。

### 原序二

家乘之辑，所以尊祖敬宗，辨昭穆，序尊卑之大原也，历辑乘端已详序之，余毋庸赘。要其编辑户口，并原于国家岁献民数之制，而分支列派，详记生年殁葬，为义又更深且远焉。上溯祖宗以追源所自出，使人知根本不可忘，即古帝圣教孝之旨也。下逮子孙而列序其派次，使人知长幼不可紊，即古帝圣教弟之旨也。人惟不知孝弟，则大本不敦，天性日漓，习流于非，罔知忌惮，凌兢傲狠，实由于兹。倘能敦阅辑乘，体追远之至意以亲其亲，达序族之精思以长其长，斯诚正修齐之本有以基，而治平之功用由以裕，居求行达，明德睦亲之心传岂异人任哉！有(孔)子曰："孝弟也者，其为仁之本欤?"孟氏云：

“尧舜之道，孝弟而已矣。”此千古不易之至训，即一本相系之良箴也。吾宗自元世由文水分族于南湘，复由南湘徙依于万载，世牒毁散于明季兵燹，迨清朝鼎定数十余载，至光大、继盛公等始克搜求遗牒，得先世笔录世纪数帙，考校编纂于乾隆丙寅岁，定以二十年一修，迄今已四修矣。兹又阅三十余年，生齿愈繁，居移迁徙愈频，合族累议增修，校阅世系，且再历春秋。初因创建祠庙，旋以扰攘兵戎，迁延未果。今秋，诸父昆季更集子侄于宗室，增订编次，董其事者为吾亲兄树华、胞兄树蒲、堂弟树楷，分理监阅校对者均族中俊秀士绅。丰适卸峡江儒学教谕事归，承诸父兄谕勷其事，得告成于仲冬月上旬。深庆宗绪之绵绵日臻，人材之振振蔚起，即将有光大门庭而显扬世德者。爰述序其事，以附诸谱牒之端焉尔。

## 光绪二十三年丁酉六修族谱原序

### 原序一

我族谱牒初创于雍正己酉，再纂于乾隆丙寅、嘉庆戊午、道光戊子以及同治乙丑，经诸前辈纂集厘订者五。自同治乙丑迄今三十余年，生齿日繁，居住不一，若不庚修，则亲疏长幼，几莫能辨。于是合族诸公复倡议以修之。议既定，推清与士铨、承训、舒甲、杰等以肩其任。清虽才疏学浅，而敬宗收族之举，其何敢辞？况此次之谱，视前此先父及先伯父两次之修较易为力，凡一切家规、宗训、条例均仍前谱之旧，惟家传、功名、节孝、仕籍略有增载。至于厘世系、考生殁、详嫁娶、查居址，皆我族长厚老成，缮写校对皆我族少年英俊。清又得士铨、承训、舒甲、杰等赞襄其间，谓非清之所为厚幸欤？兹庆谱牒告竣，吾愿读斯谱者，毋忘木本水源之思，即可想见我周氏祖功宗德，世敦孝友，业本诗书，自元迄清，继继绳绳于弗替，后之人苟不以谱牒为具文，远绍孝友之风，克守诗书之业，光前裕后，不且永为康城之望族也哉！

## 原序二

族之有谱，所以敬宗收族，俾人知爱亲敬长之义，而兴木本水源之思也。我族自乾隆迄今已五修矣，其条例之详，章法之善，迭经前人审之又审，固已极其美备而无待于更易。惟自同治乙丑以来三十余年，人丁繁衍，生殁婚嫁不有谱以纪之，恐其久而无稽。族中诸君久有续修之志，而皆不果。今年二月，爰兴是议，幸而各房丁钱足以敷用，遂将世系查明，六月设局于黄茅支祠誊真。大比期近，予与诸君又抵省去，迄九月始至大祠告祖入局。举凡宗规谱式，悉仍其旧，惟世系昭穆，生年殁日，详为核明，而且婚配、子女、坟墓、碑碣，朗如日星。至于传记稍有增益，则永清兄手定者多。夫以前人之法，成后人之事，其为力也较易。而以后人之心，追前人之美，其为事也又难。族中先正往矣，肩是任者永清兄及诸君也，要皆矢公矢慎，克尽厥职。予也不揣固陋，谬襄斯举，固无日不兢业是懔，思有以承先志而垂后世。今告成有日矣，愿读是谱者，知远近亲疏皆本于一脉，则尊祖敬宗之道即于是乎在，而我周氏之孝友传家，不可永增门第之光也哉！

## 民国八年己未七修族谱原序

盖闻家之有谱，犹国之有史也。史寓褒贬，事宜信而直。谱重伦常，事宜信而真。体例虽异，而其立范垂教，传信于后则一也。无作史之才与识，岂易言修哉！我族谱牒迄今六修矣，光大、继盛、金华诸先辈创修于前，而先曾祖、先伯祖、先父续修于后，故皆老成耆硕，学识深邃，去伪存真，有条不紊，即作信史观可也。自先父续修以来，至今又二十余年矣，合族诸公倡议重修，推玉肩其任。顾谱重典也，玉不才，何能胜任？惟念先父屡欲再修，有志未逮，不得不勉承先志。入局以来，日夜兢兢，深惧陨越，力戒荒怠，躬亲校对，凡一切条例，均仍前谱之旧，其有不合谱例者，守法力争，不敢依违迁就，以乱典章。系求清真，事求详确，其有稍涉蒙混者，据实校正，不肯因循苟且，以贻口实。大纯(醇)小疵，故所不免，知我罪我，亦何足计。吾为竭愚诚、守旧法而已，敢云拟于信史哉！然幸同事诸先生公慎廉明，克匡不逮，率借以克慰先志，谓非玉之所为厚幸欤？而吾因之有感焉。从来族姓之盛衰，全视祖德所留贻，积之厚者流自光。我族自元迄今，继继绳绳，家传孝友，世守诗书。夫治家之道既立，发祥之庆必长。余辑是编，感祖功宗德之如在。自今以始，知必有光大门闾而显扬世德者，吾族勉乎哉！

### 民国二十六年丁丑八修族谱原序

我族自经战乱，先人之懿行，祖宗之家法荡然无存。间有存者，大约留什一于千百耳。若不及时搜辑，恐世远年湮，考查不易，此修谱之议所由起也。清明扫墓，聚首大祠，提议修谱，众论佥同。议定推玉再负其责。玉自顾年老力衰，不能胜任，力辞不获，不得已出而肩其任。惟是修谱于兵燹之后，实非易易者。遗文散逸，何以搜集之？世系混乱，何以修正之？时事变易，何以不悖古而合今？再三思维，深恐一事无成而徒取罪戾。幸同事诸君，精明强干，搜罗者有人，纠正者有人，通权达变者有人，遂不数月而大功告成矣。玉再三诵读，觉礼教明，规模定，昭穆分，幽光发，可以信今，可以传后，较玉前次所纂者更善且美。虽曰同人搜计厘订之力，抑亦祖功宗德有不容湮没以致于此也。夫积之厚者流自光，根之深者叶自茂，自然之理也。我族自元迄今，相传孝友，迭遭战祸，而犹能继承于弗替，谓非祖德之留贻乎？吾族其勉乎哉！

## 二、艺文

### 祠堂记

祠堂之设，所以妥先灵，而子孙所由报本追远者也。《曲礼》云：君子营宫室，宗庙为先，厩库为次，居室其后。吾鼻祖国宝公，乃惟文公之子，旋公四世之孙。自宋由湘潭迁居万载，作室田下，建祠于古布政司地，亦犹行古君子之道也。第屡遭兵燹，庐舍邱墟，基址空存，即子孙类多迁徙他处，不能相聚，欲复先祖故地以建祠宇而不可得。雍正元年，合族敛银生息，于乾隆元年价买田下义门上栋基址，以为祠基。旋以功费浩大而止。至乾隆己卯，群动水源木本之思，所有乐助，如景中一百两，敬淑、以功俱各五十两，其余参差不一。于是一切木料砖瓦磉石，凡应用之物，杂然备具。祠之成也，可计日而待矣。而议者以为族众所买祠基在上，广公子孙所管基址在前，祠兴而彼之住宅必相继而起，祠宇势必无余地，甚非计也。族诸公爰商诸广公子孙景中、君临等曰："祠宇地基在上，公等地基在前，规模恐不宏敞，与汝广公分下兑换可乎？"景中等慨然应之曰："唯唯。他人之事尚当曲成其美，矧建祠系祖宗重地，而独吝惜之乎？"遂度其四至，横直丈尺，彼此均平，公同立约为据，然后大惬族人之愿。经始于乾隆己卯年　月　日，其间谋方向者，登山采买木石者，司银钱出入者，监工匠者，类皆矢公矢慎，不妄费钱财，不偏执己见。自正厅及两廊，义门狮石、营鼓、石门围墙，皆次第建立，越数年而始成。然寝堂与门楼未立，族众仍隐憾在心。乾隆庚戌，各支子孙乐助银两，竖造寝堂，广公子孙乐助寝堂地基，寝堂已焕然维新。乾隆乙卯，合族又复乐助竖造门楼，建立尽美公六世同居义门坊表，又岿然耸峙，共计三千余金。此其事，康伯父实斋公于嘉庆戊午辑纂谱系，记之甚详。然门楼虽建，而立向与祠堂相左，地势又低塌，不足以壮观瞻。嘉庆乙丑冬祭后，管理祠事联科、仪祖、能裕、逢年商之合族开捐，移正甃砌磉石，培高基址，并修葺祠宇，增添椽瓦。又左边添横屋数间，费用数百金。迄今规模宏整，体势高轩。窃幸祖宗之凭依有所，子孙之报本有地，子孙之力固不可殁，实祖宗之灵有以默佑于其间也。族众前后屡次公议，凡有乐助钱银地基者，均分别配祔祀之，愿后之人随时修理，以无忽先灵重地。斯为之前者有人，为之后者有人，而子孙之所以报本追远者，不益征其不匮矣乎？是为记。

道光八年二月，嗣孙治康记。

## 续造田下祠堂记

我族之有田下祠堂也，创祠基于乾隆丙辰，修祠宇于乾隆乙卯。厥后庚戌岁，赖各支乐助，竖造寝堂。乙卯年竖造门楼，并建立尽美公六世同居义门坊表。然门楼虽建，立向尚与祠堂相左。嘉庆乙丑，合族复开捐，移正门楼字向。百余年来，竭虑殚精，经营劳瘁，此其事，先伯祖实斋公暨先君子于戊子春所作祠记已详言及之。但祠堂地势低洼，迩年来山涨暴发，动逾寻丈。龙河堰、双虹桥下流沙淤，竹山洞口诸水悉汇于南门关外，而邑南田下几不免有庐舍湮没之虞。族众于戊子冬杪商议积资为改造祠堂计，所为抱此隐忧而有志未逮者盖已多历年所矣。道光辛丑冬，族尊长绣圃公倡议先建寝堂，因将九年所创旧祠上栋墙后园基及田下各家所助园土，为之量其丈尺，备其畚挶，且厚葺墙垣，培高基址。维时经理祠事子骏兄，偕益祖叔、瑜珠兄及各房房长，俱踊跃赞襄：绣圃公倡捐钱二百千；尧七公祠捐钱三百千，又助杉木大柱二支，今为中栋前檝；存迹祠捐钱二百千，又助槠木檝柱一对，今为寝堂前檝；广生公支捐钱六十千文；其余乐助，多寡不一，另录载后。经始于壬寅正月，迄冬月始告竣。寝堂既庆落成，而树赞弟即于癸卯科旋登乡榜，此亦可见我族人文蔚起之先兆矣。方寝堂工役之初兴也，绣圃公以耄耋之年坐祠监督，谓祠堂中栋即可接踵而起。旋以公费不足而止。越二年，绣圃公殁，而子骏兄、民育兄毅然以承先志为念，乃商之房长启持公、友松公暨瑜珠兄、绍连兄，即于甲寅年夏月，旧寝堂移作旁屋，并即拆卸中栋二门。即于乙卯年春月兴工，度之筑之，百堵皆兴。寝堂墙外，另辟客厅一所。两旁开天井，堂中隔以屏门。体势轩昂，规模宏敞。

且添修站亭，上护雕槛。自两廊以及二门，次第修举，庖湢悉具。塈茨丹雘，耳目改观。斯亦可见孝思之不匮矣。然以迩年来贼氛不靖，遂至梓材朴斫，未竟厥功。越岁己未，族众复开捐配祔享祀，即将门楼拆卸，重兴土木。铃铎檐牙，钩心斗角。前列石柱之巍峨，上崇义门之坊表。锦水龙山，悠然如入怀抱；狮楼凤阁，屹立犹见典型。墙宇重峻，门第增光，而祠宇于是遹观厥成矣。抑又闻之，革之极曰文炳文蔚，鼎之极曰金铉玉铉。贲饰肇人文之盛，萃涣占假庙之诚。前之人肯堂而肯构，后之人美奂而美轮。继自今祖宗之凭依得所，子孙之祀事孔明，于以卜簪缨之盛，昌炽之隆，殆亦若斯堂之甲第蝉联，知必方兴而未艾也。后之人，抚此几筵榱桷，孝弟慈爱之心油然而生，所为骏奔走而严对越者，安待不弥增其秋霜春露之怵惕也乎？

同治元年壬戌十一月吉日，嗣孙树楷谨记。

## 添修围墙记

我族田下祠堂自乾隆己卯以迄同治壬戌，上下贰百年间，次第修举，已极美备矣。但门楼外止有大路，并无余基，规模似歉宏敞。于是同治十三年，诸公商买郭姓附祠门外余基，直下五丈，横十一丈，为外围墙地步。彼时公财不足，事乃中止，而该地砂石等污连年堆积，门外几为所蔽，若不速行平去，殊为有心祖宗者所不忍也。时值光绪丁酉修辑家乘，房长首士即以此事商之合族诸公，皆以平去砂石，添修围墙为急务。至钱数不足，设法开捐。议定，即行卜吉鸠工，门楼外特起砖墙，前向见以花眼，左右设立大门，墙外仍留大路，规模顿换，气象更新。从此丁财鼎盛，科甲蝉联，其基此也乎？

光绪二十三年丁酉月榖旦，嗣孙永清谨记。

## 周氏宗源考

朱子谱论云：谱之为孝难言也。有征而不书，则为弃其祖；

无征而书，则为诬其祖。有耻其先人之贱，旁援显人而宗之，有耻其先人之恶，私附于闻人之族者，彼皆以为智矣，而诚愚也。夫祖岂可择哉！兢兢然尊其所知，阙其所不知，详其所可征，不强述其难考，则庶乎近之矣。据朱子之言，人各有祖，不必遥侈华胄。况大夫不得祖诸侯，礼有明训，何敢繁称远引以取罪戾。第姓所同也，而祖止一人，祖所独也。同则统溯其所由得，独则详核其所自来。爰因旧谱而考其来源于左①：

吾周氏之姓何自昉乎？先是后稷以来，姓原为姬。古公邑周，则周其邑也。文王造周，则周其国号也。其季世邕公者，以避秦徙汝南，乃以朝为姓，易姬为周，后称汝南者，盖始于此。邕公子秀公，仕西汉，拜汝坟侯，而周氏之称益显。厥后宦达接踵，封拜相望，代不乏人，至十二世虚斋公娶汝南陈氏，与陈蕃、黄宪、袁安同郡，俱名重于时，故周氏称汝南郡焉。虚斋公生举，徙居甘宁。举公生福，徙居舒城。福公曾孙鲂，避西晋之乱，徙居永安、黄冈，徙不一地，地皆著姓，周之盛也有自来矣。鲂公曾孙颛与其弟嵩、谟过江仕晋，颛为尚书左仆射，嵩为大鸿胪，谟为大司农，江左周氏以汝南郡名者，皆三公之后也。颛公生子之，复徙黄冈。子之公之孙好礼，又徙江左。好礼公七世孙宏正，徙褒城。宏正公生灵超，徙谯郡。灵超公五世孙宽饶避禄山之乱，始徙居江右饶州之鄱阳。宽饶公四世孙沂滨公于唐穆宗长庆间，徙庐陵乌东，旋迁吉州泥田，生整，任唐朝大理。整公生子四，廷显、廷光、廷实、廷充，蕃衍绵延，克昌厥后。充公生思兼，天资明敏，具先天之秘，游道州，营道州之地而世其家，传至卓公、颖公。卓公生敦颐号濂溪者，知南康军，筑室于庐山之下，后徙居庐陵。传至必大公，南宋名相，号平园叟，谥文忠。生子二，长曰正，次曰拱，徙居湘潭。拱公生璇，由湘迁万，万载田下之有周氏，固璇公为之鼻祖也。及二世挺立公、三世惟文公，均无坟碑可考。

① 原文竖排，故言“于左”，下同。又，下文有“右仰”字样，同理。

四世国宝公，洪武己酉年，邑侯赵举约正，以正教邑人，邑人士无不雅重，为端人正士焉。殁葬城西暑往冲之蟹形。族中建祠，以璇公、挺立公、惟文公无坟碑可考，宗祠木主应奉国宝公为始祖，崇实也。然考乾隆十一年丙寅光大、继盛二公所纂家乘，不特璇公为家万始祖，一、二、三世言之历历，即自后稷、邕公顺推而下，自拱公溯源而上，其次序无不璘璘炳炳，至详且悉。在乾隆之二十九年甲申，大府思所以振厉封疆，以江西民多珥笔，由府省建祠为其寓所，敛费为修谱资，又远引荒唐，昧大夫不祖诸侯之义，是宜罢废，而留其建于本乡者，时祭享、联族谊、设公费、教子弟，以为古道可风，奏允查正。各属承命，雷厉风行。是时县侯翟巡阅各祠牌位族谱，有僭祖僭祀者，悉令更正。嘉庆三年戊午，实斋公奉功令重修家乘，不敢祖远祖，故前谱自稷以来不载，且以牌位既奉国宝公为始祖，即谱牒不得互异，故璇公、挺立公、惟文公阙而未载，雅不欲以疑传信也。但族有姓，必溯其姓之所由得，姓分族，必溯其祖之所自来。乾隆丙寅大成谱所载，当非无所传者。兹当重修之际，敬考其源流，以毋忘祖功宗德之所衍，亦庶几不失为仁人孝子之用心也乎？

## 义士记

尝闻周急是崇，著在《论语》。指囷相赠，传于史篇。迨此义不明，往往拥守自私，人世不得叨其铢粒。则轻财乐施，慷慨好义，岂非所谓贤豪者耶？我族祖仲信公，乐善不倦，前明景泰四年，输粟一千二百石助赈，声闻于朝，旌表义士，竖立狮石、营鼓，诚可彪炳当时，照耀后世矣。第当甲寅之变，庐舍荒墟，门前狮石虽屹立依然，而剥残已甚。盖其房址屋基自明万历三十三年，除门楼属公管外，余屋分管于各房，不复合而竖造，至弃为空土。乾隆己卯，合族念其为祖居遗基，乃价买助驳，复其半址，鸠工庀材，创修祠宇，重建义门，狮石、营鼓焕然一新。诚以前人有一事之美，子孙必不可听其湮没，况此为先世承恩之所在，先朝典礼所隆之旧境，而祖德所攸关乎？建为宗室，可见行于一时者，复传于后世，使子孙仿其乐善好施之意，踵而行之，则义厚之垂于来叶者，真未有艾也。因援笔而为之记。

裔孙光大、继盛敬撰。

## 袁郡七眼井老试馆记

袁郡七眼井，旧有绳武公支多才公遗业，屋宇余基园土，详载谱系。绳武公子孙式微，其亲支续武公子孙发与异姓守住，每年收租为挂扫费用，即于其屋修理寓考，如前辈光大公及近代金洪公、金堂公、杨凤公俱寓此游泮。自明及今，租发居住，历管有凭。只以袁郡俗薄，守试馆者中多诡变，而七眼井地僻西隅，续武公子孙就近考棚租寓，于试馆或寓或不寓，未获常为照理。至乾隆间，守屋吴姓于正屋侧添修土屋数间，傅姓私卖园土一块，与曾姓各栽有梨果等树。嘉庆十四年，续武公裔孙仪祖、能裕、绍英等，诚恐旧业失坠，将吴姓添修土屋数间，及两姓各植梨树数十株，估价退转，共钱百数十余千文。仪祖等仍慨然念万邑各姓生童考试，合族俱公建有试馆，吾祠独无，何如将此胜地推之以为合族试馆，上堪光昭先人之遗泽，下可萃集合族之人文，商于本支，既咸意愿，念于族众，又皆色喜。于是共书乐助，醵百余金，即先人所遗之居，笃同人于宗之谊。岁收租钱二十余千、十余千、数千文不等，起存有簿，仍为水寨下蛇形绳武公墓、新坊虎形多才公墓及新坊蛇形周姓古冢，祭扫如一，以不忘所自来。续又将租息赎转傅姓私卖与曾姓园土一块。洎嘉庆二十五年，旧屋侧败，止余侧屋数间，不堪应试者安寓。公议新造者数次，但欲鼎新恢宏其制，非千余金不可，族多畏难，不及共与捐新，是以另立新会馆记云。

乐助芳名开后：

绍珊助钱二千文；德仕助银二十两，折钱十六千文。

以下捐银俱系八折：

元占助银二十两；梅龙助银二十两；明安助钱八千文；尔福助钱五千文；玉振、灿远、名高、能裕、继仍各助钱四千文；宏谟助钱三千四百文；异珍助钱三千文；以祥助钱二千四百文；泽及助银三两；华庭助钱二千文；廷辉助银二两；允龄助钱一千六百文；仲元助钱一千二百文；学洪助钱一千一百文；联芳、国安、含章、凤侣、华都、春联、又联、尚文、殿安、乘龙、仕逢、逢年、元龙各助钱一千文；联科助银一两一钱；德安、继葵、巨奏、连成、云龙各助钱八百文；德立、继简、觐龙、开元各助银一两；元招、兴安、绍良各助钱六百文；尚美、富孙、继儒、尚质、官龙、保传各助钱五百文；云从、和音、秋连、明高、和兴、廷龙各助钱四百文；毅安、连元各助钱三百文；秉礼助钱二百四十文；宏中助钱二百文；贵子助钱一百文。

以上共收乐助银钱一百四十七千三百二十文。

## 新试馆乐捐记

试馆旧宇倒塌不堪，侨寓者苦之，是不得不从而新之也。试馆基址纯为续武公之弟绳武公遗业，续武公裔孙协力捐建，共千余金。而外房有乐输者或一二金，或三四金，或数十金，是亦细流不遗与人善之意也。馆创于嘉庆庚辰年，越数月而工告竣。试馆中立位祀奉，上自观泉公、绳武公、多才公、多俊公及宾示公、渐于公，是本古人制礼祀及四代遗意，且念业之所自来，数典而不忘其祖也。试馆凡前后二栋，上为寝室，中建站亭。前栋左边正房三间，小厅一间，右亦如之。后栋左边正房三间，小厅一间，右亦如之。球场前建门楼，规模宏敞，栋宇轩昂。堂阶天井，俱砖石甃成。万载试馆之在袁郡，推此为杰构。试馆右侧为侧屋三间，前为试馆火房，中为守屋人饭厅，后为守屋人卧室。所需用物，均称美备，寓考者便之。但以捐金者得寓，未捐者不与焉，其于敬宗收族，普利同人之义谓何？于是续武公子孙慨然公诸大祠，俾一族生童应试者得安寓其中，共享广厦帡幪之乐，诚盛举也。愿合族子孙世世守之，永久勿替焉尔。

嘉庆二十五年庚辰新造试馆乐助芳名开后：

尧三公祠，助钱二十千文；尧七公祠，助钱二百五十千文；存迹祠，助钱一百六十七文；以功公，助钱八十三千文；均临，助钱四千文；明安，助钱二十千文；珍堂，助钱四百二十三千文；献祥，助钱三千文；梅龙，助钱三十千文。

道光元年辛巳乐助：

厚三，助钱三千文；华廷，助钱二千文。

以上共计乐助钱一千吊零五千文，刊立石碑。

## 文明公祠堂记

我支祖文明公之有祠堂，不知几经岁月，几费经营，而后抵于成也。概自嘉庆二十五年，明公子孙倡捐修复袁州七眼井试馆，尧三公捐钱二十千文，尧七公捐钱二百五十千文，惟珍堂公捐数最巨。试馆告竣，仍有余存钱文数十吊，当即归还珍堂公。而珍堂公子孙商之诸公，即另助与观泉公起立新泉会，以为香火资，众皆称善。即交与文峰公经理，陆续置买黄茅新陂下彭家段早田连七丘，又陈姓门首牌坊边路下早田连二丘，共计田百把。历年收租，颇有余息。道光末年，经绣圃公与先君子及诸前辈结清前项，新立大簿一本，取名庆余堂，即交与存迹祠经管。日积月累，数过半千之多，佥以为此会可成。我伯父及诸前辈，即将簿据当众交与南公祠照应。迄光绪三年，诸前辈倡议建祠，邀集两房公同商买黄茅中街坐西向东店房一所，上下数进，左右均有横屋。余基买就后，钱数不敷。光绪五年，经和阁兄、松发叔等设局开捐，配享酌捐钱二十四吊，祔享酌捐钱五千文。众皆踊跃，共捐享钱千余吊。于是卜吉兴工，修造祠宇，宇栋改作寝堂，新立神龛三座，推尊文明公为本祠始祖，观泉公为左配，续武公为右配，以下配祔享应请之外，各主牌均系各房子孙出备钱文愿祀其祖父于祠者。中栋改作官厅，直下改作前栋，修葺完好，大门外照旧作店房。寝庙告竣，气象一新，祖宗之凭依得所，而子孙之获福靡涯。于是入泮补廪，各给花红钱十二千文，小试卷费钱四百文，乡试程仪钱二千文，文武乡榜中式者，各给花红银钱六十千文，每岁结账。清明、中元祭祀公用，祠内租息尽可敷用。复有尧三公子孙光映、光斗仗义乐输捐钱三百吊。历年维持，祠中颇觉顺畅。今而后，士农工商及经理祠事诸人，苟能念前辈起积创造之苦衷，一德一心，共勷维持，则春霜秋露之下，不更觉祀事之孔明也哉！

光绪二十三年十月，嗣孙永清谨述。

## 存迹祠堂记

存迹者何？益俟、以功二公子孙为叔祖佑典公存其迹也。佑典公无嗣，遗田八十把，被人私卖，益、以二公各出银两赎转，为佑典公清明扫墓、中元焚楮之用。时钦若公、尽美公昆季为之收租起积，嗣后则绍珊公管理，又后则尔福公专理。瘠私以肥公，厚众而薄己，除还讫二公分下垫出赎田之银，所余之租息，始则创买回龙庵石山租窑，续又置买附近田产一千数百把，又置买宜春石里乡观前田千数百把。于是业产日丰，租息亦裕。尔福公恐有为利回者，乃商于长兄玉振公，毅然创立祠宇，以为佑典公凭依之所，而益、以二公并申享祀焉。是其继志述事，孝思真有不匮者，而前人所欲存其迹者，果克存其迹于奕世。从此千秋俎豆，享祀弗替，祖宗孙子不皆有以自慰而无憾耶！祠创于嘉庆甲子，迄乙丑落成。尔福公总理主修，惨淡经营，勤劳懋著。复择治高、治渊、治忠、治杰分理监修之。祠基则会内以田五十把对驳以功公子孙价买之业，前为球场，周甃花眼墙，黝涂藻绘，备极观美。次为大门，左右有角门，门内为庭，乃主祭、分祭、行礼、站立处。左右有两廊，上为祠堂，内为邃室，以安神龛。中间奉益侯、以功、佑典三公为本祠始祖，左请二世、四世祖配祀，右请三世祖配祀。又左右为祔享神龛，其主系各房捐资祔食。右有横屋，为仓厅厨房。共费二千余百金。道光丙戌，管事绍英、良孙等倡议，复于天井中建立站亭，上设尽美公义门匾额。金珠藻绘，耳目一新。且寝室隔以屏门，廊庑列以栏杆，玲珑透辟，薄施丹漆其间，而享堂从此观成矣，然规模犹未阔大也。道光壬寅、癸卯，管事外立、益祖买就本族祠侧毗连田亩，即于祠左创立爱莲家塾，上栋为读书堂，堂左书房一间，堂右书房二直，中建站亭，旁开天井。前栋创造谷仓，另辟大门。旁列店屋。当时已立改造寝堂之念，旋以公费不足中止。延至咸丰壬子，管事外立、垂英、旭英、启云等始将祠宇上栋拆卸，邀合松英为之布置，广大高明，结构一新。堂前建一站亭，护以石栏，左右各开天井，各建过廊一间，堂左右各有房一直，墙外右一侧造横屋二间。于是祠堂前后内外气象为之一新。虽佑典公当年无嗣，至今祀奉若是，无嗣不啻有嗣，允足慰幽魂于地下，抑尤为我益侯、以功公庆焉。二公子孙初念为佑典公存其迹耳，今祠宇聿兴，祀产既裕，合三公而并祀之，美报无穷，且两房子孙自游泮以及贡举甲第花红、科会盘费，均沾余惠。又乐助袁郡试馆及三区义塾，并列主牌，其余乐助，繁不及载。后人职思其由孝弟慈爱之心，不愈油然以生也乎？

## 广生公享堂记

顷阅家乘，见广生公传，天性孝友，行止非凡，有令人肃然起敬者。公幼失怙，善事寡母，抚两弟成立。其季犹敏而能文，时值播迁，不忘名师之请，根本之庇，家声之振，其兴也有不淳然者乎？况提孤挈幼，田产必均，救灾恤邻，债不责偿，好善若此，至今南窑、上坊冲等处犹称之弗衰，是公之事迹人得而见之，公之心仍远而莫可量也，乡饮之举岂足以知公哉！有子二，并列胶庠，孙曾相继游庠，镐公、南公且以明经显矣。嗟夫，明经亦岂易哉！忆蒲少时晋谒宗大祠，见有悬额称“岁进士”者，只镐与南也。国家承平百余年，我宗之显何仅有是也，然不可谓非公之所留贻者，而岂有艾哉！厥后蒲在祠与公嗣裔围珠、宝书辈同事经理，久而不渝，致得与改建之役，而陈枚实之颂。围等亦遂奋起而为公立祠，俎豆馨香，郁郁于竹林荆树，基址如故，左右廊舍栖止如故，中设正龛，供公神主，左右昭穆，序列不紊，户室堂阶，整饰维严，额其门曰“广公享堂”。规模改观，已不仅为先人之旧庐矣。登其堂如见公之容，入其室如闻公之声。临上质旁，无非公之灵爽式凭于其间。孝友慈良，公之德正足以绵血食于无穷焉。围珠也，身列房长，固宜整纲肃纪，率其序以供岁祀，同趋于孝友，善其始更善其终，世世子孙守而勿替，则斯堂为不朽已。

同治四年秋月，族嗣孙树蒲谨记。



## 广生公学田记

学田之设，由来旧矣。原以奖励士子，加惠寒畯，意至善也。昔年我支祖广生公，扣除南窑田租五十石，立为学田，凡补弟子员者，皆得收取学租，借以养廉，其为后人计至深且远。逮科举废，学校兴，取士改途，造士仍复无异。我公学田乃视为告朔饩羊，存而勿去。顾生员名目淘汰，自不得不设法变通，立一标准，用特公同酌定，即以祠内花红比较阶级以为准则。吾祠高等小学毕业花红比前清生员减半，中学毕业或与中学同等之毕业花红，比照前清生员给发。盖以小学大多毕业太易，非略示区别，不足以促人上进。我支学田，自今以始，凡中学毕业及肄业，或与中学同等之毕业及肄业者，仍旧收谷。肄业分谷，原作补助，半途辍学，谷亦停分。惟高等小学，不但肄业者不得争分，即毕业而不求上进者，亦不得争分。此系根据祠规，分别等级，斟酌尽善，所望后儒遵守是章，力图进取，勿以小学毕业自足而弃远大前程，且背先人培养人材之初心也。是为记。

民国己未八年冬月，嗣孙遐思谨记。

## 元良公丁会记

水源木本，宗盟重谱牒之联。春露秋霜，孝思感性情之至。支派敦于一脉，俎豆祀夫千秋，此仁人孝子之心也。元良公分派城南田下，徙居上坊冲、厂塘等处，历数世，未曾为公存积祀资，以是同支之少长尊卑，终岁不及一聚晤言欢，虽清明、中元节，亦不过各房抖费，各率子弟以一展墓，或各家独备茶酒以省坟，岂惟不能乐叙终朝，并不及纵谈片刻，况措祀费且有不胜拮据之势。至值乡邑族好馈助公费，筹虑之艰犹难言已。道光二十三年冬月，合支从宗祠祭祀回，慨然上念良公无祭扫公资，下念抖用公费无措，乃集兄弟子侄商立一会，名曰丁祀，以见会之立，为丁口之繁衍、祀事之绵长而立也。按丁派谷一斗，除不从公议入会人不出丁谷外，实得谷七石五斗。公酌交启贤、安贵、石龙三人收放生息，立簿三本，所有已出丁谷名数开列簿端。且相约添一新丁，必出钱八十文，向会内报名注册，一体生息。于每岁十一月二十日备筵会宴，绅士、管首及十六岁以上子弟皆与，其余幼者不得登席，是亦敬宗收族，酾酒言欢之义也。宴罢，即将本年收放进出用费，公同结明登帐。存有余息，随数置业，矢公矢慎，相与维持，毋许私放私借，顶拆强假，觊觎侵蚀，有干公罚。现于咸丰元年，契买李五春田业一处，启瑞田业一处，定选田业一处。从此日增日盛，渐增渐累，则良公之血食有资，子孙之昌炽无穷已。特为纪略，附镌宗谱，以垂久远云。

## 三、传记

### 始祖允斋公传

公讳国宝，字席珍，号允斋，生于元天历戊辰八月十五辰。幼即颖悟过人。入小学，师友咸器重之。及舞勺，潜心经史，所学日进，屡试不售。公因叹曰：“予之不获寸进者，厄于数也。”年近四旬，即不复以功名为念。至延师课子，备极殷勤，提命间无非孝弟诸大端。且好善乐施，指不胜屈，而不欲人见其惠。前明洪武己酉，邑侯赵举为约正，诚以公之品端行洁，足以树仪型于一邑一乡，而乡邑之人咸信而矜式之也。卒年六十二岁。今子姓蕃衍，簪缨冠带，世代蝉联，忠孝节义，前后辉映，棋布于城隅、黄茆、高城、株潭、后塘、田心、宜邑各等处，几有千烟，皆公为之鼻祖而支流派衍者也。非公之盛德，有以佑启于无穷乎？语云：“根之深者实遂，源之远者流长。”吾始祖固长发其祥矣。尤望我后人凛遵祠约，饬纪敦伦，于以绳绳继继，粲然礼乐衣冠之选，斯我始祖之肇基垂绪也为弗替矣。

### 庆一公传

公讳永恭，行庆一，允斋公长子也。生平诚悫自守，和易接人。事双亲则明发有怀，友二弟则阋墙不闻。且言行之际，有物有恒，乡党之间，无怨无恶。由国学生擢云南副使，未克大展谋猷，此天之所以限公也。

### 仲仁公传

公讳廉，字仲仁，庆一公之长子也。为人沉静寡言，弗求闻达。晚年纵情诗酒，杜门谢客，清风劲节，真足仪型后人。况乎孝友素著，温恭潜孚，于今嗣息繁衍，非公有以启之耶？

## 仲信公传

公讳仲信，庆一公三子也。其他不可知，观其好善乐施则固一斑可窥全豹矣。有明景泰三年，自冬及春，凝雪连月，积尸满野。公输粟一千二百石助赈，邑侯梁公申文于朝，以义士竖立石狮、营鼓，旌表门间，事载县志。配宋氏。生子三，次子冕，邑庠。孙十一，长名辅，邑庠。其余类多迁徙他处，无可稽考。而近存可稽者，寄居宜阳金瑞地方，但衰微寥落，硕果蒙泉，未必不在于是。至流寓他所者，应未可以限量矣。

## 宪纲公传

公讳澄，字宪纲，瓛公长子也。以治生为急，未遑诗书，而孝顺父母，友爱兄弟，固其生平谆谆致意者。且为人刚直，事有不平必秉公直言，虽强悍亦慑服。配辛氏，生子三：长名访，次名瑚，季名韶。迄今孙枝繁衍，克振家声，谓非公之德厚而流光也与？

## 腾宣公传

公讳访，字腾宣，宪纲公长子也。五岁入塾即识治平二字，宪纲公钟爱特甚，而公喜而弗忘，奉侍益力。且友爱兄弟，每食必相呼集。子五，义方是训，饮食间无非提命，以故五子悉迈其教。他若待亲朋情礼兼隆，遇盛举倾囊不惜。且托业陶朱，家财丰厚，公视有若无。尝自励曰："余纵不得为青云客，当无失为完行士。"嘉靖癸未，举公乡饮。邑侯张邦谷赠匾曰"达尊有二"。然则公所谓完行士而居齿德之优者，不诬也。

## 腾凤公传

公讳韶，字腾凤，宪纲公三子也。天性颖异，器宇轩昂，游庠食饩，有声黉序。兼遇事胆略过人，不为势屈，有杰士风。

待双亲养葬如礼，教子弟耕读为先。他如追崇先祖，奖劝善类，难以枚举。年逾古稀，屡举乡饮，固辞不允，其耿介高尚，诚足以风示后人。

## 周月塘文翁墓志铭

公讳文标，一名定，月塘其别号也，世居万载南浦绿阴塘之畔。厥考腾宣高年有德，嘉靖间蒙宾老之典。母张氏生翁兄弟五人，翁其仲出焉。资性醇朴，声洪貌伟，因刻志经营，遂以恢宏家业。尤好善乐施，岁入必先输公，曰：“毕此可无负一年之首务矣。”义城刘侯召葺黉宫，翁跃然倡先，乃有翊饰圣宫之奖。西川胡侯建立社仓，翁慨然出粟，遂有特加冠带之旌。成化己亥四月十九生，得年九十。子二：长颐，字象尧；次卿，字象舜，邑庠。孙六人。曾孙数人。翁晚年康强无恙，以隆庆戊辰闰六月二十八日仙游，卜吉辛未七月十一日葬于邑西缅村独古潭鲤鱼嘴之原。厥配翟氏，寿臻八十四，翁遗命百岁后当合封焉。夫翁生长万邑，其懿德为贤守令士大夫颂扬者藉藉不衰，而斯原为先世寄傲者盖亦有年。迄翁窀穸在兹，岂非天之所以妥吉人而裕后嗣者乎？翁嗣象舜与予数较艺闱，有同志之雅，顷以行状索余铭。余虽异壤，常记忆翁幽光潜德，铭何以辞。铭曰：“惟翁捐世，遐迩恫伤。乐哉斯土，山环水藏。龟墨协吉，阴阳互藏。冥宅合璧，里闾播扬。奠翁之魄，慰翁之肠。令子翘拔，秋科春香。孙裔蔚起，百世荣昌。”

赐进士出身、北工部营缮司主事、宜阳凤坡易可从谨撰，隆庆五年辛未仲秋月吉旦立。

## 日新公传

公讳文学，字日新，腾宣公三子也。自幼深通文理，及长遂游郡庠，固宜青云捷步，无如数奇不偶，因寄情于松菊焉。配彭氏，淑慎温恭。子三，孙民欢以邑廪膺岁荐，可见远绍书香之有人矣。

## 文明公传

公讳文明，腾凤公长子也。慷慨好义，力学敦品，一切纷华毫不挂齿，邑人无不重之者。嘉靖癸卯岁饥，助谷赈济，为一邑倡。邑侯刘公乾敦请乡饮，给冠带以荣其身，且题匾曰“齿德俱尊”。享年七十有九。易箦时，惟以读书励行为嘱，以故子观泉食廪饩，孙绳武入庠。迄今后裔繁盛，克绍书香，莫非公之厚德留贻于勿替者。

## 文魁公传

公讳文魁，腾凤公之季子也。笃志芸窗，早游庠序，虽未大展厥志而声闻自不可掩。事父母人无间言，昆季六而公居季，待五兄异母不殊同母，依然有同气连枝之情，此可见其能尽孝者复能尽弟矣。以六十二卒。虽子孙之显晦不一，而前明德忠以岁贡称，其次子、季子俱食廪饩；志和又以职员显，志和三子均列国学，其后嗣岂可量哉！

## 观泉公传

公名观泉，一名显，文明公长子也。饬躬励行，动准古人。弱冠为文，每出新意。年十六，补博士弟子员，旋食廪饩，虽屡困棘闱，未克展其抱负，而指引后学受益成名者，难以指屈。以故嗣子绳武亦髫年采芹，孙德馨、多俊、多士均名列胶庠，多才以岁荐任河南怀庆府修武县知县，非公训诲之力，何以及此？

## 松台公传

公讳民欢，字松台，健也公之子也。幼而颖异，淹通经史，年十六补博士弟子员，岁试优等，遂食廪饩，邑人雅重之。公不以能文自足，尝谓士先品行而后文艺，以故文行兼优。虽屡战棘闱，厄于数奇，而教授生徒，一时游庠者多出其门。厥后抡膺岁荐，犹复诵读不倦，非士林之模范欤？德配王氏，艰于嗣息。续娶胡氏，生子六，而列宫墙者四，不可见公诗礼乐育所致也哉！

## 慎所公传

公讳续武，字慎所，观泉公长子也。宅心平直，处事严毅，非特家族尊为坊表，即邑中无不仰为楷模，凡有逾其防闲者，尽言以正，咸乐于从是，殆与人为善者欤？且尤慷慨好施，无论小大，有求即应。万历辛亥，合邑举为耆士，公固辞不允。配鲍氏，柔顺性成，阃范称良。长子德隆，考授经历。三子德馨，名登庠序。类皆忠厚传家，食报于无穷者也。

## 凤梧公传

公讳绳武，字凤梧，观泉公三子也。自幼英敏过人，年十六补弟子员，屡试优等，数困棘闱，竟以廪终。为人光明俊伟，忠厚和平。自修居于时敏，训子常以义方，故服官者得以清廉称，服古者得以文学著，诚不愧为是父是子云。

## 信侯公夫妇合传

公讳德忠，字信侯，双桥公长子也。幼即颖悟异众，博览群书，弱冠游泮，岁科屡试冠军，优取食饩。八赴棘闱不售，仅膺崇祯甲戌岁荐，邑侯韦明杰题曰“积行上闻”。享年七十有九。配崔氏，生子三：长名围；次名图，邑廪生；季名箓，郡廪生。书香之泽数世不替，不可见发祥之远哉！

## 洪宇公传

公讳德隆，字洪宇，慎所公长子也。以吏考授经历，生平重行谊，尚气节，家居时率其子若孙敦诗说礼，且席祖父之遗而赈穷恤匮，未尝有德色。享年七十有四。易箦时，惟以孝友清白嘱子孙。子四：长肃，邑庠；余俱克自振拔。迄今后裔志贞、志昇、志敬三支子孙捐资配祔，享祀千秋，能安先人者，不即可以佑启后人也哉！

## 绍南公暨宋孺人合传

公讳德馨，字绍南，号三峰，慎所公三子也。生平喜恬静，好读书，师资贤友，名著康城。虽髫年游黉，而志坚气锐，学问日进，惜棘闱屡荐不售。后由城南寄居黄茅以终，迄今虎形前后左右山场，及北江后龙山绵延数里，上自白竹岭，下至回龙庵，皆其手创者。嘉庆、道光间，又续买田业千数百把。道光戊戌己亥，于周陂市创立祠宇，享祀有赖。配宋氏，和柔温恭，克娴《内则》，孝顺翁姑，相夫教子，贤德最著。子三，曰祯、曰祥、曰祉。子孙蕃盛，孝友传家，簪缨相继，公为之鼻祖也，非其盛德，曷克臻此？

## 节母汪孺人暨子南龄公传

公讳德昌，字南龄，邦器公之长子也。(邦)器公没，汪母年甫二十有五，孀居守节，矢志教子，公遂笃志儒业，游庠旋食廪饩，以登岁荐，邑侯韦明杰题匾曰“王国之桢”。及为人师，以身为教，故法严而愈信，道久而益尊，从游者观其言谈举止，不问可知为公弟子也。惜未仕而殁，未得大扬母节也。事详县志。

## 全夫公传

公讳多才，字全夫，凤梧公长子也。浑厚精明，笃学励行，以崇祯庚午岁荐，邑侯韦明杰题曰“明经鸿儒”，任河南怀庆府修武县令。居官清廉，有德于民，解组日，民扳辕不舍。寄居袁郡，产业多其手创，故绳武公坟墓葬西门外五里许水寨下蛇形，而公亦葬新坊虎形。今府学前巷内七眼井基址，亲支续武公子孙倡捐新建试馆，中立牌位祀奉公前后四代，合族人文蔚起，公之享祀勿替矣。配刘氏。子二：长鸿，邑庠；次行，副榜。克绍书香，均足为家乘光，因合为传以著之。详县志。

## 继山公行实

公讳学诗，字继山，益吾公长子也。学问淹博，髫年游庠，其为文有吐叶一切之概，邑中争师事之，奈数奇不偶，遂吟咏自适焉。配杨氏，挑灯佐读，淑慎宜人。子二，皆忠厚谨醇。孙支亦克守先训。享年六十。逝之日，正襟危坐，人咸以为正气所钟云。

## 瑞祥公传

公讳曰祯，字瑞祥，行天八，绍南公长子也。公性渊默，对父兄循循雅饬，且以忠厚传家，一切世务概置不问，惟以诗书为根本，礼义为大闲，合门之内，融融泄泄。甲寅寇变，举家避难，绝意儒业，惜未遂其志。乡邻有斗，为之排解，毫无偏徇，人咸悦服。今虽百数十年之远，芳规芳躅犹得闻之前辈，以为后人称述，愿后人寻绎之而毋忘先绪焉。

## 黄演公传

公讳图，字黄演，信侯公次子也。生而聪慧，年十一即过目成诵，补邑弟子员辄拔高等而食饩，邑中贤豪更唱迭和。胸罗虽富，不傲人以所不知，所拥仅中人之产，每喜急人之困。享年四十九。配袁氏，秉性柔慈。续娶陈氏，生子一，元良。今孙枝繁盛，耆民给冠带者二人，名列成均者三人，足承先绪矣。

## 士吉公与彭汪孺人合传

公讳曰祥，字士吉，绍南公次子也。赋质淳谨，举事老成，虽年世久远，犹啧啧相传不衰。甲寅寇变，枕尸狼藉，公悉瘗之，有掩骼埋胔之风。元配彭氏，温恭慈惠，举丈夫子二：长汝楫，髫年游庠；次汝梅，亦博学能文。彭以天年终。续娶汪氏，相夫训子，母仪无愆，生子汝霖。楫公之子光大，身列邑庠。曾元林立，笃志芸窗，食报正未有艾。迄今五世孙扬风，六世孙金堂、之桢，俱蜚声黉序，彬彬郁郁，非公积善之庆哉！

## 秉乾公传

公讳箓，字秉乾，信侯公季子也。性禀严凝而行敦孝友，年十九即游庠，学业寒暑靡间，于理有获便欣然忘倦。仅补郡廪，四十有四而卒，识者恸焉。

## 重一公夫妇合传

公讳曰祉，行重一，绍南公季子也。事父母有怀橘之情，待兄弟有同被之风，虽叠遭蹇屯，雅意诗书，让祖居于手足，迁瓦窑丘而居焉。配王氏，生子四：长汝翼，嗜学能文；次汝为，蜚声黉序；三汝明，器宇轩昂；四汝听，髫龄游庠，承先人之遗业，绍家学之渊源，惟求实于己，不求闻于人，有非常所可及者。今公支下惟汝明公支似续蕃衍，其六世孙治景念尧七公传生三房，惟公支丁口较为单弱，本以勤俭积有余资，因慨然捐出钱一百六十千文，以为公支下祭扫之资。惟愿公后裔择人经理维持，所谓河海起于细流者未必不在乎是，其食报讵可限量与？

## 宾示公传

公讳行，字宾示，全夫公次子也。性淳质雅，学富品优，为文雅健峭拔，见赏于督学吴瞟侯大人，江右试牍庠音刻其文。明崇祯己卯取中副车，准作恩贡，邑侯唐昌龄题曰“指日天衢”。惜未仕而卒。配林氏，生子一，大生，早逝，迄今似续无人，族中无不为之悼叹，而于袁城试馆中并立牌位祔祀焉，则公可以不湮没矣。具载县志。

## 应端公传

公讳应端，字元甫，行元二，守忠公次子也。为人刚毅，质直不事雕琢，乡党有争讼者，片言立释，以是非无所偏徇故也。尤好施与，即倾囊亦所不惜。且每岁输纳，惟公独早，其行谊固大概可卜矣。

## 以德公传

公讳应试，字以德，德吉公长子也。读书穷理，作文疏畅，惜数奇未售，退任西席。邑侯何公后署萍邑，慕其才学，厚贶聘公。公勤于政事，为侯尊重。不数岁，何公荣升，识者莫不称公辅佐之力。配胥氏，性情严肃。生子一，汝灏，诚悫端方，其太平之乐民欤？

## 润鸿公传

公讳建业，字润鸿，维祥公之子也。幼而岐嶷嗜学，小试屡拔前茅，院试不售，乃习孙吴之策。游泮后，辄置高等。康熙癸未，督学刘公讳炎行文郡邑考武童，即以武庠屡试优等者为保结，公保游泮者数人。且为人鲠直，是非不枉，其大略如此。

## 玉铉公暨宋孺人合传

公讳之鼐，字玉铉，继山公次子也。孝友纯笃，仰遵家教。当甲寅寇变，丁亥岁荒，时势维艰，公仍卓然树立。讵意三十有二而父母见背，公悲号哀恸，葬祭如礼。配宋氏，秉性贞静，嚬笑不苟，自嫔翁后事姑嫜以敬，任纴组以勤。女一，即孝廉宋希贤之母。子一，讳喜，训诲有方，惜中年弃世。迄今孙枝繁衍，后先成名，不足以见其报乎？

## 书生公传

公讳允龄，字书生，昌期公长子也。天性豪迈，品行端严，与人交际，然诺不欺，亲族有缓急则竭蹶相赴，事二后母生养死葬遵以礼，故称公之孝者，内外无间也。配柳氏，有淑行，孝事翁姑，和接妯娌，与公合德。子三：长又贤，豪爽好义；次又日，忠厚诚笃；季又善，负性坚刚，事关利病，人所不敢言者，正言不讳。皆不愧公之令嗣矣。

## 文远公暨陈孺人合传

公讳谟，字文远，瑞祥公长子也。天性敏捷，长于干济，凡排难解纷，稍涉不平，壮胆激发，惟理是秉，故不侔烦言，两造无不允服。迨甲寅兵燹，戊午大饥，兼家遭回禄，叠逢奇变，百端交集，公经营筹画，仍得安堵无虞，虽家无厚产而培植后人教读婚配，无不曲至。公寿登七十有五，其居家常以忠厚垂训，勿令刻薄立心，行事必出于至正而无偏，尤为不失乃父家风云。配陈氏，温恭淑慎，宜室宜家，以康熙戊子卒，寿八十有三。生子四，爰谦、爰试、爰训、爰诲，俱克绳祖武。迄今后裔繁盛，试公之后孝友传家，荣膺旌表六世同居义门，人文蔚兴，皆公暨孺人厚德之所贻也。

## 育四公与王孺人陈孺人合传

苟庸行之无亏，不必勋业烂然，名显当时亦足以垂誉于不朽如育四公者，殆其人也。公讳诰，字纶音，曰桢公之次子也。秉性忠厚，端方自守，上而事父母则色养无违，下而友兄弟则温恭备至。其与人也然诺不欺，其处世也执谦可挹，凡轻浮刻薄之行、奸险刁健之术，不染于身心。生平未尝与人为忤，人亦无敢以非礼侮之者。悠游陇亩，勤力耕桑，陶然自乐以游于光天化日之下，高怀葛之风，不知人世间有所谓浮沉事。至和邻睦族，恤孤怜贫，以及桥梁道路诸善举，乐输无吝色，今人犹有称述之者。年七十四。原配王孺人。续配陈孺人，系出德门，荆钗布裙，克勤克俭，允为梱内贤媛。子二，爰通、爰捷，谦恭克让，德厚信矼，有乃父风。爰质言以传之。

## 友华公传

公讳元兴，字友华，时美公次子也。性颖学富，屡试弗售，遂以训蒙终身。生平居心谦和，训子侄务以敦伦睦族为先，遇贫乏常以馆资相助。配胡氏，诞二子，迄今曾元林立焉。

## 静斋公传

公讳汝楫，字若济，号静斋，士吉公长子也。初居黄茅北江，康熙庚辰创业邑南宋家坊，因徙而家焉。公生颖异，七岁能文，十六即补博士弟子员，继而连遭亲丧，不暇习举子业。居间好读书，亦专心于有关实用者，且好善乐施。甲寅寇变，饥馑荐至，公捐粟百十余石以赈给，乡人多赖之。他若桥梁道路，无不尽力以助。公自顺治壬辰入庠，屡次举优，为士林推重。时郡守于公嗣昌爰有“可谓士矣”之额，邑侯何公锡命每致式庐亲见之谊。以康熙乙酉十月十二亥卒，享年六十有九。易箦时犹遗一联曰“我先祖都贻手泽，尔后裔要接书香”，此可见公之志矣。配鲍氏，邑廪鲍鼎次女也，奉姑孝敬，克尽妇道，诞子二俱殇。年近五十始娶袁氏，举子四：伯光大，邑庠；仲爰访；叔爰诹出继胞弟汝霖；季爰诗。今孙曾林立，孙泽及嘉庆元年奉旨覃恩荣授九品冠带，曾孙扬风、元孙之桢俱游庠，余皆克自树立，必有续公之书香于弗替者。

## 和斋公谭孺人合传

公讳汝梅，字若调，号和斋，士吉公次子也。自幼读书，日记千言。长习举业，挥毫立就。弱冠从谭经济名宿游，称门下高弟，力学好古，所为文皆自出新意。居家孝友，人咸钦敬之。甲寅寇变，乡中尸骸遍野，公悉为瘗之，此可见有文艺者复有厚德矣。配谭氏，系拔贡谭经术之女，名门淑媛，素娴姆训，归公后以德业相勖，鸣环中闼，俨如俨宾，其事姑嫜以及祖姑，罔不极其爱敬，女德足颂。生子二：爰让，好善乐施；爰询，笃志芸窗，能守父志。孙枝繁衍，更有足光乎前人者。

## 叔远公传

公讳汝明，字叔远，重一公三子也。少而岐嶷，就傅后，质迈诸童，父师咸器重之。奈运涂蹇厄，二十五即失怙，数年复遭吴逆兵燹，流离播迁，家食不给。公奋然振拔，垦荒供赋，完纳争先，真纯良民也。兄弟四而公行三，以多干济才，一切家事概委之，公独能劬劳毫无德色。年五十九殁。其行谊如此。

## 维瑞公传

公讳维瑞，士礼公长子，仲信公嫡裔也。嗜学能文，设帐四十余年，常以误人子弟为忧，以故肄业者多集其门。且谨厚谦恭，即盛怒不出恶言，遇横逆辄为退避，众咸称有长者之风。随祖父居宜阳金瑞，兄弟有三而公居长，维琦、维璋俱无嗣，公配邹氏生一子爰畿，中年而殁。厥孙二：长志唐，七岁而孤；次志虞，早逝。孙媳辛氏生子一名继然。元孙三人，今亦迁徙他处。天于仲信公积善之报其在斯人欤？抑尤另有所寄欤？

## 以贞公传

公讳元良，字以贞，黄演公子也。乐善好施，德行著闻，且业精绘画，巧夺天工，旧城隍头门左右皆其手笔，尤善楷书。以五十六终。配辛孺人，生子四：宗尧、宗舜、宗禹、宗陶。承先世遗泽，宜大有造于后人也。

## 若遇公传

公讳汝霖，字若遇，士吉公季子也。秉性温厚，乐于施与，遇道路险隘者，即将附近己田培阔以利行人，乡党有贫乏者辄倾囊而与。七岁失怙，即知自爱。比长，日营家计，夜习诗书，虽数奇不偶，公全不以介意。甲寅寇变，田地荒芜，公独力支持，得保无虞，其才力有过人者。配郭氏，淑慎温恭，持家有道。抚胞兄汝楫三男为嗣。孙曾多人，克自树立，足见其食报矣。

## 以祥公暨宋孺人合传

之景字以祥者，名成公长嗣也。孝友天授，醇谨性成，衣冠动履有古人风，遇鹬蚌两争曲直难剖者，公谕以情理，人服其言。族众见其公正好义，才识高捷，推为族长，管理祠事，咸服其廉。享年六十有五。配宋氏，秉质幽静，能率妇道。是公也式化于外，妣也仪型于内，不愧合璧焉。

## 天禄公传

公讳宗信，字天禄，子以公季子也。读书淹通经史，然未获游泮，日与诸童以守经辨志为业，课徒功暇，更取诸书博览细绎，虽老亦手不释卷也。且刚正鲠直，见人有非礼，面谪不讳，以故人敬惮之。兄弟四人，伯仲皆无后，叔出继元良，亦乏嗣，惟公岿然独峙，今子孙居三区马鞍岭，其钟毓应有所在乎？

## 吉上公暨陈孺人合传

公讳喜，字吉上，玉铉公之子也。恬静简默，衣冠动履有儒雅风。且孝友性成，宗族乡党人无间言。年四十一殁，易箦时惟“忠”“厚”二字致叮咛焉。时陈孺人年止四旬，虽家计窘迫，强勉支持，终身不易，寿跻七十有五。今后嗣繁衍，殆其报与？

## 景濂公暨张孺人合传

景濂讳爰祖者，而成公长子也。公田产颇饶，兵荒后艰于照管，爰出租牛以召愿承者，厥后总不以田产为务，乃诲子孙曰："汝曹宜勤，虽佣工甚安也。多置田宅，乐则损其志，忧则苦其身，惟资性颖异者，务勤于读。若辈须记勿忘。"生平重然诺，不轻许可。至于待人，虽乞人未尝轻贱也。淑配张氏亦然，见有贫苦乏食者即推食相馈，且待妯娌和睦，得翁姑欢心。《易》曰夫夫妇妇而家道成，其公与孺人之谓欤？

## 以功公暨江孺人合传

公讳爰试，字以功，文远公仲子也。为人谦让，秉性醇谨，且独能任父兄忧。甲寅寇变，田业荒芜，逋粮者十有八九。兄弟四人，公独以一身承其乏，不辞劳瘁，亦绝不居功。后兄弟分爨，凡田产什物，毫不计较，有汉薛包田地取其荒顿、器物取其朽败之风焉。德配江氏，娴于姆训，称贤内助。生子二，长志垣，次志翰。江卒时，公年二十五，义不续娶。后孙曾云礽，六世同居，公其鼻祖也。乾隆甲辰旌表义门，已祀公于忠义孝悌祠内。现在公之后裔蕃衍，人文炳蔚，自道光癸卯以来，每岁于存祠冬祭后二日，即于祖堂举行禋祀，所有试费、游泮、贡举、科甲，酌给花红程仪。历年维持置买宜邑观前田千数百金，添置庄屋，开垦收租，又买石脑背冲田及周桥店业亦数百金，千秋俎豆，其食报正自无穷。

## 敬淑公辛孺人合传

公讳爰让，字敬淑，号善轩，和斋公长子也。天性孝友，器量宽宏。弱冠父卒，仅遗田数十亩，偕孺人勤俭驯致赢余，晚益增廓。且乐善好施，毫无吝色，孺人亦数为之怂恿。距所居五里之和尚桥，石梁久圮，乾隆辛未捐金数百鼎建，号福寿桥，事详郡邑志。又本乡下壕桥被水冲坏，亦捐数十金倡众甃石。他如学宫、祠堂、桥梁、庵院，远近相助成功者难以枚举，屡承上宪褒嘉。至于怜穷济急，不择亲疏。萍邑有罹难者举家来奔，公不忍拒而饮食之，半年乃去。弟方淑早逝乏嗣，累为继续，且拨手创膏腴。生平与物无欺，邑侯汪公嘉其古质愿款，数诣其家。且博闻强记，旁通岐黄曾杨星象诸学，与众谈论娓娓可听，屡举乡饮不就。合族慕其才德，举为族长。乾隆丙寅主修族谱。寿登八十，无疾而逝。孺人辛氏，素娴姆训，克敦妇道，晚念经修佛，持斋戒杀，且严厉持家，闺门肃雍，无诟谇声。寿登八十八。今后裔崛起，季子国学，长孙国学，长曾孙郡增，长孙媳奉旨荣旌五世同堂，论者以为前督赵公宏恩所赠“积善庆余”之额为有验云。

## 又善公传

公讳宗德，字又善，书生公季子也。忠厚正直，慷慨好义，事二兄生养死葬，待两侄提携赒恤，即侄孙孤苦，亦皆忧悯时切而勖其不逮。至若事关利病，危言不讳，人亦卒莫能违。以故推为族长，族众建祠，公极力赞襄其事焉。募修竹潭、五峰、永兴三桥，往来称便。倡建高城社仓谷若干，贫困颂功。乾隆十年，邑侯严公在昌扁奖之曰“乐施风古”。厥后竹潭桥洪水冲圮，邑侯张公立中面以倡修嘱公，公力任不辞，虽年迈力衰，奔走募化者凡三千金。功成后，邑侯翟公廷法欲举公乡饮，公固辞不就。寿七十有七。淑配吴氏，孝敬勤俭，内助无忝。子一，志鸣，守正不阿，嘉庆丙辰覃恩荣膺九品冠带。又况吴以三十五殁，公不忍续娶，非公生平守义之所见端也哉！

## 慎言公宋孺人合传

公讳光大，字含宏，一字慎言，号慎斋，若济公长子也。

五十外始生公，公聪明颖悟，父钟爱最深。公亦克承父志，嗜学能文，树帜学校。乾隆丙寅，族众推公纂修家乘之任，公不辞劳瘁以副族人之望。乾隆己卯创建祠宇，公实力与其事。至仲信公文都支爰畿身殁妻出，时长子志唐止七岁，次子志虞止四岁，亲支无人，零丁孤苦，公特携与同居，且为志唐娶妻，得生一子继然。今继然又生二子金岳、金兰，更足见公矜孤之力。寿七十有一。配宋氏，邑庠宋廷试女也，克勤克俭。子一，业儒未获上进。孙曾多人，其发越应未可量。

## 广生公传

公讳嗣望，字广生，吉上公长子也。幼岁失怙，时次弟瑞生甫十一岁，季弟珮生止三岁，公与寡母陈寂寞孤苦。甲寅寇变，寄居南窑。公教季弟，冀振家声，姊丈孝廉宋希贤先生谓季弟性敏能文，采芹如拾芥，不意二旬有一而殁。公与次弟协力，同心共爨，常谓瑞生公曰："季弟妇子母茕茕孑立，日后田产应分为三，宁居硗薄而让肥美。"更可羡者，荒岁捐资救助勿计其息，南窑、上峰冲等处多沐惠者。羊公岭背孙孟龄借贷公银，病危自言欲售田以偿公，公闻即将字券缴还，其种福如此。雍正戊申，邑人举公乡饮，文未详而公遽逝，年六十有七。配张氏，纺绩织纴，群称贤助，且事姑极得欢心，翰林院编修朱凤英题其八十寿匾曰"淑寿繁禧"。生子三：继宗从事货殖，继才、继盛俱列胶庠。孙曾相继游庠，如镐与南均系明经。后裔更繁衍秀发，谓非公之所贻者远与？

## 光辉公传

光辉讳志升，秦四公长子也。性聪颖，尤好善。房弟南山年三岁，父母俱逝，公乃提携共爨，中年成家始分其田而与之。至桥梁倾圮，倡首修建，不惜倾囊。尝语人曰："予欲以店房杂租买粟以周济贫乏，而不计其息。"有志未逮而卒，殆有三世祖仲信公遗意焉。邑侯庞公赠匾曰“好行其德”，宜矣。卒年七十五岁。德配赵孺人，性静一，卒年九十二。今子孙繁盛，足见公之福庇矣。

## 瑞生公暨闻氏刘氏孺人传

公讳嗣元，字瑞生，吉上公次子也。幼年失怙，埙篪有三而公居次。年甫十一，因祖遗南窑庄田一所，公与寡母随田住居，偕长兄广生竭力耕田，供为子职，俾弱弟与寡母得俯仰无忧焉。后因化居懋迁而利称三倍，复作室于城南田下，以承祖业。未几店遭回禄，货物罄空。继遭母丧，殡殓丧葬罔不称礼。配闻氏，温恭和柔，恪尽妇职，子二，女二。续娶刘氏，中馈严谨，内助称贤，子一。至今闻其风，不胜人往风微之感焉。

## 律声公暨潘孺人合传

公讳志垣，字律声，行立六，以功公长子也。生平忠厚俭勤，不事浮华，不喜竞争，忍让以处世，孝友以训家。诗书励后，家人恪遵规范，莫敢荒游。当父手分爨时，或以田产肥瘠为计，公微应之曰：“田产与兄弟，孰可无而复有，孰可有而不可无。业无论肥瘠，皆先人所遗，本宜共守弗替。既不能共守，将析而守之，则肥瘠悉可守之业，不才父子愿居最瘠者。”是真克承乃父谦让淳谨之风者已。母卒时，公仅九岁，其弟宗臣公方五岁，屡牵弟枕尸恸哭，吊者咸异之。是秋寇变，惟祖母是依。及祖母卒，哀毁几绝，以五十八终。配潘孺人，赋性柔嘉，内助勤俭，乾隆辛巳寿八十，惟时其子若孙蜚声黉序者已数人，本邑儒学鲁老夫子鸿特亲诣贺寿，赠额曰“德门礼宗”。(下略)

## 宗臣公暨陈孺人合传

公讳志翰，字宗臣，行立八，以功公之幼子也。兄弟二人，母殁时公五岁，其兄律声公九岁。公少颖悟，尤珍爱于祖父母，且为伯叔所器重。天性豪迈，资质旷达，奈家不中资，致未终读书之愿。然力敦孝弟，奉兄如父，并且无间于同堂弟兄，持身朴实，族里仰其气度焉。配陈孺人，柔顺淑嘉，克娴阃礼，每以归嫔未得养姑为恨，而事翁维谨，奉祖翁姑咸得其欢，妯娌二人辑睦特甚，惜年不永，殁以二十五岁。维时公年三十有四，遂不欲复娶，兄律声公劝之为嗣续计，意坚不回，且曰："诸侄秀粹纯朴，谅足兴门第而光前人。承先人祀，侄犹子也，何在亲育。"公之达识可概想已。卒不续娶。兄殁，公行年五十有四，致哀如丧父，率子侄丧葬如礼。由是以一身经理家政，规范后嗣秀读朴耕，督课有方，雍睦一堂。继兄而专任劳悴者二十余年，以七十三岁终。其善承父兄志而得贻谋之本也，可卜其继世子孙振振蔚起，簪缨代兴，食报于弗替已。

## 佩生公暨张孺人合传

公讳嗣召，字佩生，吉上公三子也。秉性颖异，嗜古力学。三岁失怙，稍长事慈母以爱敬，待兄弟以和好，受业于姊丈宋希贤先生之门，诸徒中莫之或先。年二十配张氏，幽闲贞静，娴于姆训，生子继熙，未及一周，公即抱病，张亲尝汤药，阅数月而卒。时孺人年方二十一，誓以身殉，悲号痛苦，死而复苏者数次。阿姑陈氏泣谕之，于是强起自持，择师训子不稍姑息，有以改节相劝者，即面斥之，以六十五终。邑侯严公在昌赠匾曰"松筠高节"，至乾隆二十三年奉旨旌表，三十三年建坊于小南关外，以昭苦节焉。

## 首乾公节母张孺人合传

公讳志易，字首乾，号健庵，敬淑公长子也。聪颖好学，精易能文，为明经杨维鉴先生高弟，郡县悉列前矛(茅)，院试学宪击赏其文，以字讹见黜，众皆惋惜。且术精岐黄，瘳困甥危，绝不计利。尝捐数十金力为贫士全婚，亦无德色。七眼井因多才公遗基，独捐十金建立试馆，左边横屋为考试之寓，又捐助唐家庄门首下栏桥。生平秉性刚正，然待人谦和，方拟入北雍，惜天靳其算，未克展诗书之蕴。配张氏，性行均淑，闺范严肃，事奉翁姑极其孝敬，年逾三九始生子继昌，未几公遘疾在床，既以一身营褴褓，复以一身调汤药，如是者半载。及公卒时，孺人年方二十九，哀痛几不欲生，仅遗一孤甫周岁。姑抱子抚慰之曰：“汝夫笃志读书，仗义轻财，既不获享遐龄，幸留一线，奈何不保身以育后嗣乎？”偕寡婶辛氏，《柏舟》自矢，茹苦居家，和丸训子，晚见孙生，始喜曰：“吾瞑目无恨矣。”卒年五十有六，例邀旌典。迄今子游虎观，孙入黉序，媳龙氏奉旨荣旌五世同堂，继继绳绳，克昌厥后，可以慰孺人于地下矣。节孝载县志。

## 节母辛孺人传

讳志洛，字营都者，敬淑公次子，出继胞弟方淑公为嗣。曾入武闱，既选复落，因悒悒成疾，年二十四卒，无子。妻辛氏矢志守节，其母怜其年少，说之改嫁，氏作色拒之，母乃不敢复言。偕孀姒张氏同起居，依敬淑夫妇为命。所继嗣则同族国佐四子也，性颇强项，氏慈以畜之，义以正之，卒致驯顺瞻依。氏多病，卒岁不离药饵，然事敬淑公夫妇甚谨。钱米衣物乐分贫乏，其后以子贸易不利，致家中落。有义子既为完娶生子，欲去自营生，氏不忍其以力役终也，竟听携妻子以去。没年六十有六，家无十石之储，赖叔侄揭金粟以赙之。苦哉！节孝载县志。

## 贤士公龙孺人合传

公讳志鸣，字贤士，又善公之子也。器宇轩昂，志气倜傥。少失怙，无胞兄弟，父见其英特，恐再娶虐之，遂终身不娶。

公承志克孝，父手捐谷倡立高城社仓，公竭力维持，乡沾其利。念大祠祭产之薄，其亲支胜畿公遗家甚富，无亲生子，止生三女，分其资者几半，公劝其妻张氏助出田七百五十把为大祠祭产。张氏之慷慨好义固甚足称，而公与人为善劝谕之力实不可没也。又倡捐进配袝享祀跃踊，建神寝门楼，襄办祭祀，务期丰备，虽耄年逢祀典犹曳杖趋祠照料，遇事矢公，亦有胆力。嘉庆丙辰，覃恩钦赐登仕郎，冠带荣身。邑侯李公清栻锡以“硕德引年”之额。寿终八十有九。配龙氏孺人，闺仪端淑，不事粉饰，上事衰翁甘膳无缺，相夫训子贤德著闻，享年七十有八岁。生子二：长继卿，曾为族房长，襄理祠事，历矢公慎，道光辛巳覃恩钦赐登仕郎；次继相，亦为房长。曾孙俱克自树立，将浸昌浸炽云。

## 德士公潘孺人合传

公讳志和，字德士，濬哲公季子也。秉性谦和，举止端谨。弱龄失怙，恃与两兄相友爱。稍长就傅受书，资质聪明，通达大义，故克自树立，持身勤俭，由艰难起家，以致富有膏腴。初创宅于上坊冲，后营构于厂塘，栋宇高华，俨然巨家。生平容人之量，品行足为楷模，故田下大祠众举为族长。正身率下，倡捐配袝，进享者多，克建神寝。又为嘉庆戊午族谱主修，不忘先祖之所自出，莫非公仁孝之兴也。援例捐纳职员，寿跻古稀有六，邑侯来公以匾赠曰“老成望重”，助大祠祭田一百把以为祖宗之享祀焉。其他善事难以殚述。淑配潘氏，德性和柔，后公十一年而生，最敦琴瑟之好，家范整肃，虽性俭朴，待亲族有恩，所以能相夫，光前裕后。七秩寿辰，拔贡署县宪周公名澍赠匾曰“萱庭昼永”。年七十有四卒。生子三人，与长孙俱名列成均，衣冠焕若。迄今孙枝林立，方兴未艾，其有德报乎？

## 泽及公传

公讳志赍，字泽及，号润轩，咨典公次子也。幼即恂恂雅饬，重厚有文，为父兄所器重。以家业艰难，乃弃儒术，精岐伯、巫咸之道。既而博通脉理医方，名比卢、扁，延请者日踵其门，邑宰徐公赠匾额曰“燮理同功”。居身俭朴，撙节用度，渐积有余财，手创膏腴数十亩，又于宋家坊正宅左侧构造横屋一栋，颇饶竹苞松茂之盛，足以安居。虽挟术游华裾之门，所获多赢资，其贫困者亦不计较，人咸乐其厚德必有身报。以故子扬风，孙之桢俱名噪庠序，惜厄于气数，未能联翩直上而有修文之悲。公于嘉庆丙辰年覃恩钦赐登仕郎，冠带荣身，无疾寿终，享年八十有六。非甚盛德，曷克有此？

## 联芳公传

公讳志凤，字联芳，又魁公次子也。气质浑厚，性情和平，事亲以孝闻。父六旬殁，母年至九十二岁，怀橘情真，舞斑爱切，及殁并丧葬如礼。乡里有争，排难解纷，不惜烦苦。与族贤士公、德士公以伯仲行，居室密迩，最相欢好，其来祠也，相偕出入，遇事婉为商酌。祠堂、神寝、门楼相继建立，有乐助地基者，有出助银两者，请享酌酹，公于中调停赞襄，极费经营。嘉庆戊午修谱，公为本房长，与实斋先生在祠朝夕不离，竭力勷成，亦可谓有功于祠者矣。配陈氏，早夭。续娶宋氏，先公二十二年而殁。自是义不复娶，寿终八十四岁。生子二：长继祖；次继承，亦在祠管事多年，性最醇谨。克绍箕裘，孙支蕃盛，将见昌炽，宜食其德报。今值纂谱，不敢忘公在祠之功，以志于牒。

## 学洪公夫妇合传

公讳志洁，字学洪，取善公季子也。朴茂和平，遇事公正。少遭家计艰难，经营贸易以成家室，然无一毫苟且。其侄继拔出外不回，提携侄媳、侄孙共爨，赖力保全，至于成立。本支有孤寡贫弱者，悉维持调护之。尧七公支下祭产，竭力襄理，毫无苟且。其为族党之所推重也，宜矣。配邹孺人，有女德，待妯娌最睦，恤贫弱有恩，勤俭持家，使公无内顾忧。今子俱各自成立，岂非积善之报必有余庆哉！公寿七十三，孺人寿八十一，咸享遐龄，是亦有足多者。

## 文宁公节母王孺人合传

公讳继熙，字文宁，佩生公嗣子也。幼失怙，家贫，哀母年少早寡，刻意读书，冀扬母节，奈天夺其算，未及三旬而卒。配王氏，慈良淑慎，素娴《内则》，痛夫早亡，孀姑在堂，侍养无人，亦《柏舟》自矢。邑侯严在昌赠匾曰“茹蘖完贞”；乾隆二十三年奉旨旌表；三十三年与厥姑张共建坊于小南门，淮扬总漕杨锡绂赠匾曰“劲节双标”，崇祀节孝祠。子孙亦克自树立，人称为两世苦节之验焉。

## 世钦公传

公讳继仪，字世钦，瑞生公次子也。为人沉静详谨，凡遇排难解纷，是非不枉，故言出而人服。且家道贫窘，恒耿介自持。至族众建祠，则奔走不遑，以襄其事。享年八十有一。原配张氏，早逝。续娶易氏，俱黾勉同心。生子五，俱循谨。孙枝繁衍，亦足以彰君德矣。

## 寿山公传

公讳继才，字德英，号寿山，广生公长子也。公性聪敏，十岁即能文章，十八岁拔贡取县庠，岁科两试累列超等，邑侯许松佶赠其匾曰“圣世端士”。雍正己酉，念谱牒之残缺，爰邀族众以草创之，因公财不敷，未获剞劂。又不幸以三十有五而卒，有志未逮焉。子三：长冕，次璜，均列宫墙；季镐，由郡庠食饩，膺丙申科岁荐。且孙枝多人蜚声黉序，其所以报公者宁有艾哉！

## 朝选公王孺人传

公讳继贤，一名鉴夏，字朝选，志昇公长子也。天性豪迈，倜傥不凡。少因佐父理家政，乃弃儒术，庭帏间孝友之风誉驰乡里。其后身入公门，由刑书为库吏，朝夕谨慎，才干明敏，为邑侯严公讳在昌、汪公讳元采所倚重，案牍烦冗，任公裁决，供应竭力，从无误食，汪公每以书帖字墨赏之。其在公门好行阴骘，有于公治狱之平，考授吏职，以田园自乐。卒年五十有五。淑配王氏，幼娴闺范，足为女师，自宜室以来，事翁姑孝谨，待妯娌和柔，相夫勤内职，训子不出义方，寿终八十三岁。生子二，以业儒终。孙曾林立，长孙尚文覃恩钦赐登仕郎，余俱读书务本，克绍家风，将兴正未有艾。

## 景中公传

公讳继盛，字景中，广生公季子也。赋性聪敏，笃志诗书，弱冠补弟子员。公不以一衿自足，因胞兄早逝，乃专理家事。尤乐于行善，如助修圣庙，捐资建祠，与夫增龙河书院膏火，赡普济堂田亩，其费凡数百金，公毫无德色。且见子侄质有可造，延师训课，预拨学田四百余把，先行奖劝。以故子侄先后游庠食饩，俱荷公力。至两次管理学事，邑中无不悦服。生平信义感人大率如此，享年六十有三。配谭氏，柔顺慈祥，善承夫志，其抚诸侄，情文备至，不啻子然。子二：长岐，邑庠；季南，已膺岁荐。孙曾游庠序者一人，列国学者三人，余多秀发，非其积善之报乎？

## 钦若公传

公讳继谟，字钦若，号敬庵，律声公长子也。公以幼年治理家政，立心鲠直，正己率物，虽未揣摩诗书，然率其天性，常与书理暗合。不独待叔如父，视侄犹儿，即闺门之内，整齐严肃，其治家之严可想。若子孙有浮薄之行，私利之为，靡不痛加惩责，且言行足法，于分爨则诫之，于孤贫则周之。其他调剂有方，出人意表。如逢春陂，春水方生则溢，余三时常涸，遂将附近田二十亩垦作泉公潭，于是灌溉之利，子孙至今赖之。生平尤殷继绝，于嗣绝无后者，必百计存之。从叔祖佑典公无嗣，公惨然神伤，与从伯祖益侯公支商，立存迹会，创制田产，谋构享堂，令岁时祭祀，血食无穷，此公之志也。当乾隆庚辰，家中有豕丧其母，犬乳成其子，识者卜为和气所致焉。迄今旌表义门，乡党犹称公之德不衰。享年六十有一。配汤孺人，性极忍耐，孝顺翁姑，和睦妯娌，待子侄无分亲疏，以八十九终。子七：长金洪，钦赐国子学正；四金成，国学；六金鸾，由监生捐授驻赣塘务府；余俱向义。厥孙治睿，蜚声黉序。凌云、秉元为国子学生。曾孙树霖以县试第一人游庠。其余兰阶秀茁，类皆聪颖，福报正未可限。

## 功盛公暨节孝辛孺人传

公讳继烈，字功盛，宗臣公之子也。幼即勤谨，不苟嚬笑，极得父兄欢心，及诵读，亲族咸称有载道器。年二十五，抱病在床，辛孺人奉事汤药未尝少离。卒之日，辛哀戚甚，死而复苏，积数次，厥姑潘泣谕之曰："尔夫之逝，我等苦楚情不自禁。但媳年止二十一，幸怀妊在身，勉强保重而得嗣息，则尔夫虽逝，尚有不与俱逝者。万一有失，后悔无及。"未几，果生子金瑚，《柏舟》自矢，之死靡他。乾隆丁酉奉旨旌表，给银建坊，卒年九十五岁。子名列成均，五十早逝。孙五：长淑仁，膺从九；次淑德，以国子生遵例捐授候补道库大使；淑芬、淑文、淑彬，国学，捐助大祠祭产千金，三区义塾千金。孙曾林立，树华、树丰荣膺岁荐，现在名列庠序者八人，捐职捐监指不胜屈。郁郁彬彬，孺人之福报岂有既耶？

## 廷选公潘孺人合传

公讳继兴，名鉴商，字廷选，志昇公次子也。幼岐嶷，自就傅读书后，言行不苟，手创膏腴，家稍裕即提携穷困。舅氏赵贫，不能娶媳，为其子全婚。南山公贫不能娶媳，亦为其子全婚。门首桥梁倡首捐修，其乐善好施可风。家有塾，延师训子孙，使俱循礼法。生平与世无争，绝迹公庭，咸推有德耆彦。寿逾大耋。有三淑配。潘氏德性贞静，事舅姑最孝谨。子六，半哀早逝，寡媳三人，心如冰雪，操若《柏舟》，借非孺人德厚，曷克有此？迄今媳欧阳氏奉旨旌表节孝，给银建坊。后裔日盛，修善者必昌于公夫妇，益信孺人寿八十八皆难得者。

## 浑园公暨龙孺人传

公名继德，字尽美，律声公季子也。家贫服贾，治生走江湖者数十年，未暇潜心经书，而诸同人因其忠厚浑朴，为取其名曰尽美。视兄犹父，凡有美事即奉承不遑。辛未岁荒，往省买米以应粜，即此可例其余。原谱载邑廪有虞先生赠《律声公传》云：“季公尽美，直率朴实，以勤俭佐兄成家。”谅哉！至好善乐施，助修桥梁，岁以为常，而贫困称贷者不苛其偿，可无论已。至亲族来存问者，不计贫富，必询其休咎，勉其勤劳，更为之诵《劝世文》《孝义歌》等书，娓娓动人。屡举乡饮不就。乾隆癸卯，邑绅士以六世同居秉公举义具题，甲辰特降纶音旌表义门，题名忠义孝悌祠内。寝疾之日，遗命以惇行古礼，毋得宰割，毋作佛事。抱病数月，不肯服药，享年八十七。孺人龙氏，温恭淑慎，未及事翁而得姑欢心，待夫君以敬，处妯娌以和，以七十六终。子五：长优增生，次钦赐副贡。孙曾林立：治康，增广生；逢昀，邑庠；曾孙树楷，恩贡生；树赞，癸卯举人。公之福报正未有艾。又公之后裔五房并出谷石，起立祭扫会，置买观音岩冲内庄田数百把，收租颇裕，游泮贡举均给花红。三区义塾，捐立牌位，附记于此。亦可见公之享祀为有资矣。

## 定昌公暨潘孺人合传

公讳继德，字定昌，瑞生公季子也。八岁失母，十三失父，授分田止百余把，仅读书三载而精通文理。嗣因家计窘迫，遂改业岐黄，卒大驰名，以故三十年来，遐迩官宦悉推良医。邑侯严公在昌调治武宁，亦聘与偕往，乾隆丙寅族修家谱，赠以谱序。又江公元璐、铜鼓副府沈琯均赠有匾额，其余难以殚述。族修祠，常极力赞襄其事。逝之日，邑中多为流涕，享年五十有七。配潘氏，克勤克俭，内助称贤，尝缺饔餐，五日不起，得从伯母闻氏为之救援乃苏，殆不愧为夫夫妇妇云。

## 建斋公龙孺人合传

公讳继昌，字宏谟，号建斋，首乾公之子也。一岁而孤，母张氏矢志抚之，幼即孝闻。受业明经龙攀龙先生，苦读成文，最见器重。初应童试，十五援例捐太学生，邑侯江公元璐赠额曰“成均硕望”，乡进士儒学教谕袁公名映斗赠额曰“翺翔天衢”，训导蓝老师赠额曰“凤翥联翩”。谨厚谦和，束躬圭璧，代祖理家政，递增良沃。因母疾，乃习岐黄，精于医理，多活人危，尝游武昌、汉口、湘潭，湘邑侯赠匾曰“济世良方”。生平急公好义，为本支祖坟山捐助数十金。大祠砌围墙，捐助十六金。又助大祠祭田三十把，学宫捐助二十金。他若考棚、育婴堂、常平仓、庙宇、桥路，靡不量力乐助。起家塾，课子弟，丧祭冠婚，丰俭咸宜，睦姻任恤，有无乐通。或为贫全婚，或捐囊解难，不争竞是非，不刻薄乡里，年高德劭，长厚之风人咸钦之。晚虽贸易不利，致家稍落，谆谆以立心向善、礼义廉耻训子孙，岂非义方式榖乎？夫妻谐老，寿八十四。淑配龙孺人，和柔温恭，夙娴《内则》，自十五结缡，有祖舅姑皆耄耋，而姑又孀守，孺人最尽妇职。上事两代有孝顺之风，中待六亲多贤淑之誉。提瓮相夫，画荻训子。素赠药饵，济人之危。每分衣食，恤人之困。纺绩任敬姜之劳，织纴亲孟母之苦。宴宾堪截发，待客必杀鸡。言不出阃，步不逾阈，诚足为巾帼之师，闺阁之范也。道光三年，以寿登九十，五世同堂，族降三学出结呈禀，由县府核准，具文申详司院，题请照例旌奖。道光四年七月，礼部仪制司准咨题奏，荣膺恩命，给银建匾曰“黄耇繁衍”，赏赐缎匹银两，吏部右侍郎辛筠谷先生赠以额曰“眉寿延庆”。生子五：长郡增生，季武试拔前茅。孙曾秀茁，阖门凝禧，善报未艾。寿九十二。载邑志。

## 名高公夫妇合传

公讳继栋，字名高，立士公之次子也。赋质醇厚，居身朴实。父殁兄早世，克自成立，勤耕稼，守节俭，以致手创膏腴，辉煌栋宇。然艰难撙节，不务虚名，故以白衣终，未克列名矜士，而于大义所在却又能斟酌尽善。如大祠中，则助祭田六十把。上方冲桥及昌桥，乐助多金，亦好行其德也。晚年福享安逸，寿终七十二岁。配朱氏，性情温淑，克宜其室，凡舂操井汲，悉身亲之，纺绩不辍，馌耕不懈，一丝半粒，不忍抛弃。且勤俭相夫，诗书教子，齐家严肃，闺范可师，寿终八十六岁。生子四，次与三俱出继。今子孙醇谨，孝友相爱，洵不愧忠厚家风云。

## 逢兰公李孺人五世同堂合传

继升公，字逢兰。朴讷无文，力耕供职，不多言，不始事，和邻睦族，恂恂一无怀氏之民焉。有子二，且抱孙矣，寿六十九而终。元配李孺人，温恭内助，篝灯纺绩，勤俭支持，痛夫长别，每思继起以振家。居傍江干，溪水之虞，常多暴涨，波流不息，昼夜舂喧，而孺人处之适然，其恬静之致，有以镇摄而弗迷者。自是而妇女肃睦，内外雍和，兄无私财，弟克则友，家计之兴，骎骎日上。蒲因祠事访助族哲，得晤长嗣友松公。天性深沉，遇事率直，轻财重义，念宗祠之创造维艰，庀材鸠工，不惜倾囊以助。虽按本偿利，而慷慨之为措垫数百，无吝色，无德色，取携甚便，此其中有难焉者。新庙翼翼，君子作之，正宜与松其同赓焉，房长之推又何憾哉！然此乃长嗣公之可为人述者，而益不能不仰承孺人福德之厚也。箕畴五福，莫先于寿。寿之征有称五世同堂者，蒲于族继昌公夫妇得之，复于胞大伯母李孺人得之，俱已邀荣旌奖矣。孺人年逾八旬，亲见孙曾，本拟援例请恩，而孺人坚止不许，未久旋即谢世，以此惜五世同堂之难也。本年五月，松且遭乱，避兵外出，间关千里玉门，生还未知何日。宗祠略可告竣，谱牒严为辑修，竟不得与友松公遹观厥成焉。离别之感，能不悲乎？因传而并记之。

同治四年秋月，族侄曾孙树蒲谨识。

## 君临公传

公讳冕，字君临，德英公长子也。浑朴沉静，不衿势利，小试屡列前矛(茅)，大尊陈府试拔取案元，遂游黉序。奈幼岁失父，家计羁身，未克专事诗书以展其蕴。己卯族众构修祠宇，凡银钱出入，一秉至公，足以见其品概矣。配郭氏，严正自持，克遂公志。生子四：长郁文，郡庠第一，屡试优等；季梦葵，邑庠。均早逝，惜哉！

## 胜畿公传

公讳岐，字胜畿，景中公长子也。生平忠厚居心，和蔼待人。家富，从无骄色，文理清通。时宗师赵大鲸取武亦兼重文，公故得游武庠焉。嗣息为艰，屡娶侧室，仍多不育，乃继胞弟南三子与堂兄璜四子为嗣。今孙廷标入武庠。女三：长适邑庠汪崇讷，其子元英得中乡榜；次适汪纪元；三适国学生宋维新。以六十一终。妻张氏，因公生前甃石修祠天井费数十金，遂续助祠田七百五十把以成公志，又以钱八十千修竹潭桥石栏杆，均足以见其善持大体者，则因功配祀于先祖也宜矣。

## 起渭公传

公讳璜，字起渭，德英公次子也。幼年失怙，及长就学，聪慧过人，年十八蜚声黉序，岁科屡试优等。后沾疾，遂无志功名，而书籍卒未释手。年四十有三卒。配郭氏，勤俭端庄，持家有法。子四，笃志芸窗，虽未书香克绍，亦足以昭示来兹云。

## 静堂公传

公讳金洪，字玉振，静堂其号，敬庵公长子也。性孝友笃厚，沉静和雅，笃志诗书，佐父辈理家政，暇即闭户潜修，夜深不倦。敬庵公见其勤劳，尝慰之曰："若理家政，自当为若报名成均，不必过为自苦。"公不以此少荒正业。二十八岁补博士弟子员，天八公支名列庠序，公实开其端也。自后克孝，终事其父母。以弟辈长，遂将家务委弟介轩公，而以诗书余暇旁精岐黄术，气静神凝，医罔不效，活人者无算，无论贫富不索谢，且间施方药，好行其德，有古长者遗风。居家时，训子弟以义方，与亲友以善言，而于众管祭产大祠祀事尤恳恳为怀，以故族中奉为正焉。嘉庆戊午，睿皇帝覃恩诏各州县学，有年登七十以上，念切观光而有志未逮者，乡试赐副榜举人有差，会试赐学正检讨有差，著为例。时公年七十四矣，嗜读如少年，踊跃以待，以入泮册少填五岁，洎辛酉科始邀副榜赐，甲子科邀举人赐。及乙丑会试，公年逾八十，矍铄自好，锐志北上，于途中及京邸犹能深夜细写红笺平安家书寄归，端楷轻秀，盖公以此隐慰乎家人，而家中接音亦不问而知公之强健如故也。及秋闱，邀国子监之赐以归，精神倍加，盖天之眷佑乎吉人者其常，而公之厚德实足以当天之厚眷也。享年八十有四终。原配辛孺人，续娶柳孺人，三娶陈孺人，俱温恭淑慎，今俱以夫贵请入祠配享奉祀。子四：长治本，其妻辛氏旌表节孝；次治宏，道光辛巳覃恩钦赐耆民冠带；三治健，其妻龙氏旌表节孝；四治睿，邑庠。孙树霖，以县试第一名游庠。其余孙曾，长皆各执其业，幼亦聪颖异常。是公之德足以庇乎后人，而后人不又有以光前人也乎？

## 民安公传

公讳金鋆，字民安，仲贵公长子也。孝友淳朴，专一守业。家计早替，昆季谋分析，公让肥居瘠，澹泊自甘，性拙而勤以补之，家贫而俭以济之，历久而遂致小阜，旧分祖业尽归公矣。公创建栋宇，递增良沃，而勤俭之操不改其旧，菲饮恶衣晏如也，享年七十有九，其真无怀、葛天氏之民欤？德配龙孺人，柔顺有操，克勤俭，佐公成家称贤内助，年七十有六殁。子二：长治渊，国学生；次治选，二十余岁逝，其妻于道光甲申奉旨旌表节孝。孙树晖，邑庠。余孙曾俱磊落不凡。谓非公之贻谋者善，而后嗣之克光前业乎？

## 西京公传

公讳镐，字西京，德英公季子也。幼即颖悟绝人，弱冠学宪大人林岁试取入府庠，科考拔置第一，旋食饩，自后屡试优等。乾隆丙申，荣膺岁荐。越丙辰，皇上新建辟雍，大召天下贡监肄业，公概然携六子炳龙往焉，此足以见公之志矣。三年已满，抱病而殁，命也，讵足以累公哉！子七：长膺武举；二、三业儒，早逝；其六子炳龙留京，任宗人府供事，三年部选伊迩，癸丑亦抱病而殁，更足惋惜。但孙男多人，其食报应未可料。

## 又斋公传

公讳金从，字国安，号又斋，敬庵公次子也。生平寡嗜欲，薄滋味。家庭孝友雍和，文章清新入理，尝见取于学宪林宗师枝春，以额满置备，公遂绝意功名而浸淫于儒先。诸子百家凡有关于身心性命、风化伦纪者，汇就成牒，与子侄讲解不倦。子弟有天质高迈者，尤以经义殷勤训迪，必以大成相期，其爱才之心有独深者矣。居家敦崇古道，婚娶则礼行合卺，母终则体斋素，不供佛事。惧族属内外之相乖也，节暇会讲圣谕广训，又取柳仲涂“家道不和生自妇人”一条，旁征博引，以谕家人。当年六世同居二百余人，而内外罔有间言，公化导之力居多也。迄今子侄思公之训言，犹能兴起。享年六十有七。德配龙孺人，温惠孝敬，卒年八十有一。今子孙曾元，繁衍秀硕，公之福报正无疆矣。

## 和音公传

公讳金钺，字和音，敬庵公三子也。孝友性成，一门之内亲疏处之如一。少聪敏，因佐父辈理家政，即弃诗书，觅蝇头利以资家用，未尝丝毫入己。尝言曰：“处世者须使一家安好，勿图一人富贵。”其识之广大如此。乡中大小事，公至即冰释。遇人子弟遗失钱者，常为垫出，抚慰之以归，迄今乡之人犹啧啧称公不衰云。元配陈，生毅与纶，及冠，俱俊秀可嘉，公心以读书期之。乾隆己亥，弟兄继没，时公在胞弟赣南塘署也。越数月，公归，怡然自若，几不知有丧明之痛，恐贻母氏汤大孺人忧也。年近六旬，以母年迈，乃谢一切而就养。适母患痰疾，长兄外出，诸弟亦多他务，公独倚母床，衣不解带以至疾愈，然后安。每夕掀动床垫，务令绵软，不假妇女手。汤大孺人得寿八十有九。殁时，公与弟含章庐墓傍者数月。叔母辛大孺人念二公年老，遣子侄谓以己欲见，乘归时即撤其庐，使不再至以受风露之苦。公归，每于祀饭时即跪灵前，默诵《文昌孝经》毕方起，所谓孝思不匮者非与？续娶李，善承姑志，连举丈夫子四，汤大孺人犹亲见之。公享年七十八。次媳治纶妻黄氏，道光甲申奉旨旌表节孝，则公之孝友仁爱固有观感而兴起者矣。

## 珍堂公暨李孺人传

公讳金瑚，字绍珊，号珍堂，行一又行四，功盛公遗腹子也。少年即负英敏气，每自伤生不见父，又无同怀兄弟，求所以承寡母欢者，惟守儒业励儒行而已。其生平作文，戛戛求独造常，偕从弟金璞、金华游博学鲁厚畬先生门，极邀嘉与，苦于数奇，行年四十余乃援例入太学，而公终以不能捧檄慰亲为憾。至家人生活计，公概信之诸从兄弟而不疑。享年五十。易箦之日，姻戚有以遗言请者，泣曰："无他，未能终养老母耳。"淑配李孺人询其后事，则涕泗曰："烦代养老母，余事我有群从兄弟不异同胞，可无过虑。"则公之笃于孝友概可想焉。李孺人，车陂头李嗣贤之女，温恭从顺，四德无惭。自归公后，孝敬寡姑，有可得姑欢者无不曲为承志，即如浑园公三女之生也，浑园公孺人龙虑抚育之难，将襁褓中择婿抱养为童养媳。孺人念姑无女，遂告于姑而请于浑园公以为姑女，亲为抚育而朝夕抱乳于龙孺人。女长，适石塘龙祥云，婿早逝，亦以节孝见旌，此可以见孺人不惮劬劳以慰姑心之一端矣。享年五十有三而殁。其子五，均因家务艰难致业儒未遂，长淑仁荣膺从九职，次淑德捐候补道库大使，三淑芬、四淑文、五淑彬均援例入太学。女一，适邑庠郭集成。孙十余人，游庠者六人，入太学荣膺职选者七人。曾元入泮者、入太学者、以职荣封父母者又有人。将来儒业世守，书香弗替，谓非公与孺人孝敬之德之栽培者厚欤？

## 元占公传

公讳南，字元占，景中公季子也。性情淳笃，天资高迈，童试屡列前茅，以学宪张拜赓科考游庠，周宗师煌拔取一等第一，旋食廪饩。自后父母与兄相继而逝，家务纷纭，未遑潜心举业，仅登戊申科岁荐。其于祠堂也，屡捐乐助，因寝堂未修，有乖体式，遂将己分众管地基复倡乐助，迄今寝堂巍然，公之力居多。晚年厌近市之嚣尘也，遂于后塘居焉，以新建儒学训导终。子五：长早逝，其妻高氏旌表节孝建坊；二鹏翎，国学；四鹤翎，游泮；其三逢年，出继胞兄为嗣；五起祥，国学。孙筍磊落，树蕙国学，报未可量。

## 介轩公传

公讳金成，字尔福，号介轩，国学生，敬庵公四子也。姿性磊落强毅，遇事能负荷。幼即佐叔理家政，未克涵咏诗书。及壮年，以家事为己任，长幼内外，度支出入，合食指二百人，严肃整齐秩如也。至于秀者命读，朴者命耕，公于诸子侄皆时为勤课，以故诸子侄无有敢习于非为而隳于无成者。朝夕休暇喜涉猎《纲鉴》《格言》诸书，观其大意，故行事每每暗与古会，非其心性之有过人者乎？晚年食指递增，家业不少，舒公日夜忧勤，劳思焦心，必以一家之衣食为心而不少释，真有一息尚存，此志不容少懈者。至本支存迹会，公前后维持数十年，矢公矢慎，于是业产日丰，租息亦裕，晚年恐将有为利回者，遂毅然以建祠为己任，百计经营，勤劳懋著，迄今入庙兴怀，实有不可喧者，事详存迹祠记。卒年七十有八。子三。女三：长适汪，次适邑庠张翼翔，三适易百禄。其余孙曾林立，食公之报正自有在。

## 含章公传

公讳金璞，字含章，号玉亭，敬庵公五子也。性情鲠直端方，尝游学于龙河书院鲁厚畲之门，先生最喜其为人沉静，文亦古质，县尊张枚亦取其文，累置第一，卒未获上进。亲之殁也，与胞兄和音矢志庐墓，亲友以身沾山岚反伤亲心力劝始归，而状貌则已骨立矣，其孝行有如此者。又偕堂弟华都清理尧七公山场，栽植茶树，为建祠崇祀之资。及每逢节朔，聚族中父老子弟讲约，其敬宗收族之念俱卓尔可传。至若首倡乡人，已建文昌阁于水口，并欲建义塾，创义田二事未逮，而士君子高出一乡之概已见于斯矣。故晚年托迹阛阓间，市之人莫不畏而爱之，见其来辄拱立以俟，悉无敢为非，知德之入人者深矣。惜艰于嗣。壮年举一子，不幸早逝，雅不欲娶妾。年六旬，迫于昆季，乃娶萧孺人。逾二年，公遂殁，时萧年方二十一，与原配朱孺人抚胞兄尔福公四子凌云为嗣。朱孺人享年七十有八；萧孺人《柏舟》自矢，享年五十有四。虽年例已符，惜家贫无力请旌，备述之以昭三十年苦节云。

## 实斋公传

公讳金华，字廷辉，号实斋，浑园公长子也。孝友力学，二十二岁金宗师拔取游泮，同堂兄弟金瑚、金璞从学博鲁厚畬先生受业，称其英姿特达，赠诗已详世系。屡试优等，名噪黉序，谢学宪准举优行注册，曹宗师拔补增广生员。居恒教授生徒，远近咸多成名，且所得塾资每年买布购书，均给子侄辈，其力弱者为之婚娶遣嫁，乡宦往来为之持赠资斧。至于贫苦亲邻，时存周恤，孤仃子侄，加意护持。所以教学数十年，毫无私蓄。又尝捐金惜牛会，广刷《敬信录》《阴骘文》，修斋诵《金刚经》以示无欲。而修谱系以联宗族，偏引为己任。嘉庆三年戊午三修家乘，公为纂修，崇实黜华，于前谱稍涉不经，语多删除。凡家庙祀典所关，靡不极力襄举。晚年以耳重听，遂弃业而家居。嘉庆庚午，公为家督，而业产悉随众分析，一概不执已见。公之天性厚，存心处事又厚如此。享年七十有七。德配华孺人，端庄静一，阃范可矜，有葛覃卷耳之风，享年八十有三。迄今孙曾林立，后裔蔚起，福报正未有艾。

## 起寸公传

公讳金珑，字云从，号起寸，浑园公次子也。公性沉静精细，读书善观大意，字法端秀，昆季磨砻，廿四岁补博士弟子员，偕陈丹山先生肄业于白鹿书院，切磋之余，雅相爱敬，丹山先生有稿行世，公之评阅犹有存者。中年家居养父，甘旨之供，汤水之奉，靡不昕夕承欢称意，其孝养有根于天性者矣。后以嘉庆癸酉科钦赐副贡，拙甫陈孝廉赠以联云：“行谊克敦惟孝友，科名无忝是贤良。”公之见重于名公者固自有其实也。卒年七十有八。德配罗孺人，淑慎专一，卒年七十有二。公无子，抚胞弟金耀次子治灿为嗣，未克诞孙而殇。递继胞兄金华之孙树乔为孙。今孙曾六人，当必有绳继秀越于勿替者矣。

## 鹤友公传

公讳金鸾，字凤侣，号鹤友，敬庵公六子也。慷慨豪爽，作事有胆略，不守故常，卒不能出其意料。前为臬宪刑书，办案裕如，年三十余援例捐国学生，且援旧例晋捐驻赣南提塘，时考验于江督高大人晋，验曰：“才具明白，可以充补。”自乾隆戊戌冬莅任，十余载小心谨慎，从无误工。己酉夏，赴省谒江督舒大人麟，询其才具甚悦，即欲升任省塘，因患气疾，遂告假归，半月而终。学博谢公家桢、李公孚闻讣不胜悼叹，为文致祭。李公额以匾曰“心锦机残”，惜其才之未大展也。且事有可纪者，尧七公遗业方家坳，与朱姓讼屈，公上控藩台，檄饬黄宪自行捡举，业乃复。曾携昆季赴白鹿、豫章肄业，冀其上进。当时诸名士无不乐与周旋者，而于丹山陈先生尤厚，语曰：“不知其人，视其所友。”观所友，公之为人可知矣。至孝友之风，则旌表与有荣焉，无俟赘述。享年五十。子四，孙曾多人，类皆挺秀森出，当必有展公之未展者。

## 异珍公传

公讳金茎，字异珍，钦若公季子也。天性纯笃，气度豁如，读书明大义，庭帏间素称孝谨。且事叔如父，侍立隅坐之节，真有柳公权之风。及事诸兄，恂恂无敢抵触，望而知为义门家法。后继胞兄凤侣为臬宪刑书，办公矢慎，众称长者焉。每自省垣归，或笔墨或诗书，每多买以给子侄。其佐介轩公治家事，不惮勤劳，兼习卢扁之术，医不求谢，其为人概可思矣。享年五十有九。淑配欧阳氏，温恭淑慎，纺绩勤俭，享年六十有八。生子七：长治勤，以臬书报史；四秉元，国子学生；余俱秀彦。孙曾林立，敦尚儒术，孝友诗书，其相传于弗替云。

## 华都公传

公讳金耀，字华都，浑园公三子也。性浑厚和平，父母昆季皆能得其欢，待人无疾言遽色，托身阛阓，无论客之远近，俱倚任不疑，其忠信之孚于人者至深而有素也。至排难解纷，乐于垫贴而不计偿，乡党咸称公之盛德焉。支祖尧七公众祭产先是荒芜未垦，族人树植林木，各踞为己有，公与从兄含章公劝谕族众，咸空出以为众。栽植茶树，公管理数十年，公出公入既明白无私，复维持日盛，每岁可收租息二三百金，又置买田产千余百金，是非公之心力有以垂于不朽者乎？卒年七十四岁。德配汤孺人，柔慈婉顺。子四，孙六，虽家计落泊而各守正业，是可见公之矩矱常留矣。

## 节母欧阳孺人传

节母欧阳氏，严坪欧阳昌远之女，锦麟公之配也。德性贞静，仪止温恭，幼娴《内则》，夙称名媛。锦麟公弱冠殁，孺人方二十一岁，遗孤治索甫周岁，伶仃孤苦，矢志自守，抱儿孙哺，泪滴孀帏。既而夫胞兄弟六人析产分爨，子尚幼，身亲井臼，手勤纺绩，节俭持家，上事舅姑年至耄耋，奉养孝谨。子年长读书能文，以家务烦未克成名，且管理大祠祭祀二十余年，克著勤劳，其得于慈教者深矣。迄今子孙林立，良沃日增，足为闾里光。盖自前以观，孺人以妇职而尽子职；由后而论，孺人以母道而兼父道，洵可谓四德无忝，三从不违。嘉庆己巳岁，奉旨旌表节孝，给银建坊，竖立门首，辉昭千载，足慰一生苦节。今后裔蕃衍，伫看积善余庆，福泽正未有艾。

## 春联公张孺人合传

公讳金彩，字春联，一字凤廷，浑园公四子也。赋性颖异，日诵千言，熟于经传，淹贯不忘，父兄最器重之，公亦厚自期许，尝受业于陈丹山先生，许其前程远大。为文好自出新意，不屑寄人篱下，童试屡拔前矛(茅)。胡豫堂宗师，两浙名士，岁试考古，激赏其《春草碧色赋》，四县童生独取公名第一，众贺其采芹在即。榜发仅置备卷，文甚清切，批曰“抛却上三字，何以制胜”。盖题为“亚饭干”三句，草稿讲下一段原用《周官》点染，及誊正，公嫌其堆砌删之，以此不取，惜哉！厥后或训蒙乡里，或寄迹市廛，非其所乐也。卒年三十有九，未克展青云之志，岂其有命耶？淑配张孺人，明经张洪书先生次女，夙娴姆训，柔嘉维则，孝顺翁姑，和睦妯娌，最称贤德。公殁时，主器足疾，仲男、季男尚幼弱。孺人抚子成立，勖其励志芸窗，以展父愿。仲男治康，邑增。季男逢昀，与孙树楷同游庠序，称快事焉。孺人殁后，孙树赞中式癸卯举人，此可见孺人之善课子孙，而后裔日盛，不足慰魂灵于九原也乎？

## 又联公传

公讳金联，字锦化，一字又联，浑园公之五子也。秉性憨直，有朴茂之美意。少纯艺黍稷，中服贾而肇牵车牛以孝养父母。兄弟十三人，公居其季，兄辈咸爱其勤劳焉。不幸三十六岁早殁。德配辛孺人，柔顺端一，不愧名门淑媛，事翁姑得欢心，教子孙有义方。子五，孙十二人，俱能守业，知公必有以默牖之者。

## 华圃公暨杨孺人合传

公讳金麟，字清英，号华圃，建斋公之季子也。状貌魁梧，天性醇朴。幼读书惟观大意，不求工于文艺。长肄武，县府试俱列前矛(茅)，而道试见黜，遂无意于功名。公居家孝友，兄弟怡然。母老，因跌足不能行；公晨昏侍奉，朝负以出，夕负以入，廿余年略无难色。及母没，公兄弟皆已颁白，而号泣之声犹孺子慕焉，谓非素知孝行者欤？业岐黄，尝从建斋公游湘汉间，所至驰名，今远近言医理者，犹啧啧称周宏谟先生为最，盖即建斋公字也。公既得家传，凡有请辄应，而疫症多获奇效，无论贫富不计其利，惟以济急救危为心。尧七公建祠，公襄其事，众喜其无私，欲推为族督，公辞而就居房长。一切是非曲直，无所阿附，而于晚辈相见之时，必以循理安分谆谆言之，而不惮烦。以家中落，训养童蒙，束脩不为较，而子弟之游其门者，莫不循循然有规矩。生平立心向善，每晨兴焚香一炷，诵经数遍。盖公幼时家富，未尝有侈靡之行；晚年家贫，亦自安朴素之分。乡闾间莫不称为忠厚长者，而卜其后之必昌也。寿八十三，恩赐九品冠带。淑配杨孺人，邑庠云衢公之女也，系出名门，夙娴《内则》，勤俭自持，井臼亲操，事翁姑孝，处妯娌和，归公二年即甚得姑意，一切内治概以命之。年六十有八。子四，治仪以子职赠登仕佐郎。孙曾众多，成均者有人，游泮者有人，应童子试者更有人。公及孺人之厚德，其食报岂有涯哉！

## 书田公与邹孺人潘孺人合传

公讳金树，字启持，号书田，例贡生继亮公次子，出继为继乐公子也。气质浑厚，性情和平，至弱冠以货殖增兴家业，积资饶裕，而公素无骄色，勤俭自持，澹薄维谨，恂恂然一璞玉浑金也。而且立心向善，乡中义举赞襄不留余力，族有争竞排解悉秉至公，故乡党皆仰重之。宗族奉为房长，以矜式子弟，而公益公慎自矢，一切是非曲直无所阿附，此第公之大略而已。其他如孝养父母、友爱兄弟、与人晋接则无有不克尽其道者也，何必为公琐琐仆数哉！淑配邹孺人，德性贞静，仪止温恭，惜不数年遂没。续配潘孺人，深娴姆教，谨守闺仪，相夫克勤，内职训子不违义方，即公外出而持家有道，诚足为公之贤内助也。子二：长治政，国学生；次治端，登仕佐郎。虽皆未获长享高年，而贤声藉藉，在人耳目间。况长媳辛氏又能清操自励，矢志抚孤。孙桂荣名列成均，忠厚居心，有祖父风，一房今已推尊。将来孙曾林立，光大门闾，公与孺人之食报正未有艾也。

光绪二十三年岁次丁酉孟冬月上浣之吉，族愚晚德煌拜撰。

## 启善公与郭孺人及副室王孺人合传

启善公，继茂公之子也。继茂子三，而启善公幼。生清乾隆辛亥，三岁失母，值家计萧条，艰苦备尝。稍长，勤俭是务，孝友维谨，虽未诵读诗书，颇知礼义，当时士君子咸谓公于定省温凊、随行雁行之节，克尽无违，是真天秩天叙，若网在纲，有条不紊者矣。迨后贸易称心，家资渐裕，亦尝崇实黜华，具有浑朴之风；恶逸好劳，更无惰慢之气；与夫言物行恒，端方自矢，纳身于轨物之中，待人以忠厚之道，年至八十有六，临老不倦，更有历历可考者在也。然公之行为要不止此。当年值凶荒，每减价而售谷；事逢混乱，常平情以解人；以及舍药施材诸善举，无吝色亦无德色，斯又足见公之立心超出寻常万万也。元配郭孺人与副室王孺人，皆《内则》深娴，温恭淑慎，母仪足录，妇式堪型，盖非碌碌者所可同日语也。今遇续修家乘，安得不径直书之，以垂诸后世云尔。

光绪二十三年吉日敬撰。

## 齐善公暨常孺人合传

公讳金伦，字启贤，号齐善，继亮公季子也。志洁行芳，言正论谠，持家勤俭，处世谦和。祗父恭兄，悖戾之举胥绝；存诚去伪，忠厚之道可风。而且公是非而不讳，弹曲直而无私，远近之毁议罔生，内外之心志咸服。当年躬理祠事，力振宗风，敦伦纪以饬家规，教孝友以笃子姓，里党之伟人，公其选也。元配常孺人，幼娴姆教，长习《内则》。母仪足录，竞传钟郝之风；妇道堪型，共羡孟陶之范。孺人之德，诚不可以殚述也。举子五人，皆朴实循礼，绝迹公庭。孙枝林立，俱克守前模，毫无越矩，谓非公与孺人之善，而有此食报无穷也欤？

光绪二十三年岁次丁酉小阳中浣吉日，族愚晚德煌熏沐手书。

## 竹园公传

公讳金梅，字友松，号竹园，继升公之长嗣也。余虽与公素未谋面，而相隔不远，久闻其为人之懿行有可传也，后公之孙赓廷从余肄业有年，公之行事为人，述之甚详，愈知公之懿行更有不容没者。今适贵祠重修族谱，非斌之推尊乎公，原以公天性诚笃，气量深沉，遇事有刚正之气，处世无浮华之态，奉养高堂，甘旨无缺，友于兄弟，怡怡一室，凡济人利物，矜孤恤寡，以及造桥修路诸善举，莫不乐为赞助。遇里人有纷难，肯出力为之排解，以故乡无雀角之争，人有公平之誉，族人咸知其守正不阿，推为一房之长，又何愧焉。尤足羡者，君子将营宫室，宗庙为先，念宗祠之创造，用费浩大，不惜以己财充垫，以底于成。与族长蒲经营两载，不惮勤劳。赞襄其事，有力者或能之，至于措垫数百金，取携甚便，人所难能。公无少吝，亦无德色，慷慨之为，足征其轻财重义矣。公中年失偶，遂不再娶，人皆劝公续弦。公曰："吾闻之不孝有三，无后为大。吾既有后矣，何必再娶。倘娶不贤之妇，难免子有衣芦之悲。”此公之所见者远也。同治四年，祠宇告竣，谱牒辑成，不意五月兵燹，公避兵外出，忽遭掳去，惜未得终其事焉。噫！地角天涯，寻访无踪，时公年六十有二矣，至今年近期颐，谅已作古人，殁期葬所未知何时何地，此子若孙所抱恨终天而无如何者也。然其人虽杳，其行弥彰；其行虽往，其庆弥长。至今孙曾林立，俱头角崭然，振振绳绳，后之光大门间者正未可量，其亦彼苍之默佑公者欤？公之潜德幽光，诚不可没，宜载之家乘以垂不朽云。

岁进士、候选儒学训导龙文斌拜撰。

## 节母辛龙孺人合传

节母辛孺人，引川公之配，龙孺人，克强公之配也，皆静堂公之媳。赋性均淑，秉质同幽，方期弋雁交翔，不意双弦共断，柏操竞矢，松节同坚。辛孺人弱媳早逝，闵育乎子者并闵育乎孙；龙孺人似续维艰，螟蛉乎子者复螟蛉乎孙，均足辉垂彤管，节表里闾。道光四年，以妯娌双节奉旨旌表节孝，给银建坊，而二孺人之节弥彰，而静堂公之家范益著。

## 节母龙孺人传

节母龙孺人，绍铨公之配也。孺人性柔顺谨，恪事翁姑，和妯娌，相夫子，罔弗循职。绍铨公二十岁殁，孺人年方二十有一，矢志冰雪，严守闺仪，于中馈内职之事，不惮勤劳。初抚夫兄治渊次子，不禄。继抚夫兄三子树辉为嗣，爱逾己出，有恩有礼，时以立身扬名相勖，早岁游庠，道光甲申为孺人请旨旌表建坊，不允足以慰其苦节也乎？

## 慎斋公传

公讳治新，亦名淑仁，字允诚，号慎斋，为珍堂公长子。幼聪颖，锐志诗书，顾数奇弗偶。既冠，丁外艰，母又抱恙，医者有难色，公乃弃举业，精岐黄，汤药亲调，再阅寒暑无稍倦。嗣母逝，瞻望高堂，惟节孝祖母辛大孺人郁郁居此耳，公乃率诸弟具甘旨，亲色笑，左右就养欢甚，于是九十余岁之辛大孺人，白发怡然，几忘子与媳之先逝也。公性长厚，析产时雅不欲按股自利，因商诸弟融通之，论者谓同居义，即析居仍不失为义云。耽山水遨游之次，虽茧足而不自知。萍邑栗市祖坟及父母坟，皆其经营而安厝之者。卜室丁家桥，宾馆书室毕具，以己未卒举业，累延名师督课子侄不少假。生平罕疾言遽色，安恬澹，不骛声华，而族里义举赞襄不遗余力。袁郡七眼井试馆倾塌久矣，公商诸弟倡捐，缮完雅饬，寓者便之。又以田下大祠祀产不足于供，商昆弟以千金助之，三区义塾乐助亦如其数。吁！如公者孝友承先，诗书启后，而尊祖敬宗与乐善好施，复能培植本根如是，吾知祥和之气蔚为炽昌，食报正未有艾。公职从九品，享年七十有三。子二：长树荣，以子职貤赠登仕佐郎；次树华，以县试第一补弟子员，出继胞弟淑德。孙四：长焕模，国学生；次焕猷，未入流职；三、四俱职九品。现今曾元林立，知公之德报方兴已。





## 皇清例授登仕佐郎周公慎斋姻丈先生墓志铭

先生讳淑仁，一名治新，字允诚，慎斋其号。昆季五，行一，次廉斋待铨赞府，三绣圃，四容斋，五文峰，俱俊秀游太学。父珍堂翁，母李大孺人，节孝祖母辛老孺人，自生事迄葬祭胥如礼。卜筑丁桥，延师课读甚殷勤，侄树华、树棠、锡永、锡昆已游庠。父母佳城在萍邑栗市均田、董家坊等处，置墓田为岁时修理计。田下公祠、三区义塾，昆季各襄助千金，其识大体类如是。他凡硕德懿行，具详侍郎辛筠谷夫子所撰寿文中，兹勿赘。先生乾隆乙亥年八月初一日生，道光六年十月二十七日卒，享年七十有二。德配李孺人。子二：长树荣，以子职貤登仕郎；次树华，郡庠，出继廉斋公。女三，适人。孙四：长焕模，太学生，曾从余游，先翁没；次焕猷，候补从九衔。三四俱业儒。曾孙多人。道光八年五月二十八日卯时，葬先生于获富大阳山之麓。铭曰：“於呼！先生言芳行洁，公瑾醇醪，濂溪霁月，孝思永言，谋深贻厥。如何兰摧，遽尔椿折，嵩构云颓，梁阴载缺。怊怅耇成，徽遗石碣。”

礼部试进士、拣选知县、挑取儒学教谕、姻晚汤荐馨顿首拜撰。

## 廉斋公传

公讳淑德，字秉懿，号廉斋，珍堂公次子也。自幼天资明敏，就傅授书，深明大义，以家道少康，乃率昆季逐什一之利，以佐节孝祖母甘旨，于是家事颇丰，意欲驰骋皇路，润色鸿猷，由国学生捐授道库大使，分发候补，终以侍养未果。公精明而浑厚，与同堂分析不计财产，雅爱子侄读书，邑先辈至其家，必令呈牌艺以就正，且厚亲戚有恩，笃宗族有谊，凡属乡邑义举公事，挥金乐助毫无吝色，才挥霍筹办裕如，邑先达雅重之，迄今脍炙人口。初大祠合族重公才德，共举为族长，公再三推让不居，然届冬祭无不亲临祀典，以率一族，其尊祖敬宗有如此。晚卜宅于丁家桥，兄弟联居，颜其室曰“怀怡堂”。迁居逾月而公抱疾不起。呜呼！公往矣，而孝友之风，仁厚之德，世可想也，后裔之昌曷有既耶？卒年五十有九。长君树华，抚胞兄次子，以县试冠军补弟子员，辛酉恩贡。次树模，邑庠生。三树人，膺从九职。孙濬川、咏莲，郡庠，余皆秀苗。荣赠之光，拭目俟之。

## 皇清例授登仕佐郎即候补巡司周公廉斋墓志铭

廉斋周公，余弱冠时即相识面，后遂相识心，视余甚厚，余亦为之尽。公性磊落，有干才而敦本茂质，于父兄为贤子弟，于子弟为贤父兄，嘉言懿行不殚述，总之无愧义门风规云。今年冬，余部署北上将走别，而公适卒，其葬也余不遑赴，然自念平生良友无如公者，乃撰次墓志，遗其子以纳于圹。公讳淑德，字秉彝，廉斋号也。父金瑚，祖继烈，曾祖志翰，兄弟五人序居二。配刘氏，侧室李氏。子三：树华，郡庠生，以胞兄慎斋次子为子；次树模；三树人。女一，礼贞。皆李出。孙光远。时嘉庆廿一年丙子十月十三日公卒，春秋五十有九，卜吉嘉庆二十二年正月廿七日，葬于获富西瓜坪之原铁栏关虎形，坤艮为穴，道光丁亥岁移厝大阳山。铭曰："人之相知，贵相知心。夫惟大雅，葆朴返真。譬彼山川毓秀，凝神幽藏，既宅，利其嗣人。"

礼部试进士、例授文林郎、拣选知县、姻世愚弟陈鸿翥顿首拜撰。

## 潜龙公传

公讳郁文，字潜龙，均临公次子也。器宇轩昂，聪明特达。博通经史，于名家制艺记诵千余篇，为文清新秀润，自出机杼，小试辄冠军，院试屡屈，三十五岁始受知于蒋宗师，拔取入泮第一，梓其文于试牍，脍炙士林，岁科屡列高等。乾隆癸卯科备荐，惜厄于数，仅以郡增终。公为人谦和，不立圭角，好接亲朋，杯酒谈宴，或自宵达旦，乐而忘倦。且孝友克敦，自弱冠后失怙，事慈帏得其欢心，雁行怡怡，惟以诗书相勖，绝无资产争竞，克携季弟成名。但艰于嗣，生一子早殇，抚胞弟元英三子树株为嗣，曰："兄弟之子犹子也，视同一体，有孙继绳，复何憾哉！"卒五十有一。

## 瑞云公德配节母高孺人传

节母高孺人，敕授新建县儒学训导元占公冢子瑞云公之室也。嫔归二载即失所天，守志奉翁姑，抚犹子树蕙，为夫嗣育三孙，而子嗟不禄，年五十一以节孝旌于朝，享寿七十五。疾革告其孙曰："余承翁晰授孙辈祖父遗业，慎守数十余年，幸不馁冻孙辈。兹可将南门城内店房一所，添助孙等父手所立元公丁会内收租生息，以为我翁姑派下祭扫资。孙辈无妄觊觎，别生靡用，以完我代尔祖养翁姑之志焉。"其孙辈亦克遵遗命，立约付元公丁会永作祭扫公用。此节孝之心志，光昭日月，真可谓巾帼丈夫，可卜其子孙之发越无穷已。

## 向斋公传

公讳梦葵，字人龙，号向斋，均临公季子也。自幼失怙，内奉母训，外依诸昆，性聪颖，博学能文，修词雅健，喜以气格胜。弱冠余即游庠，屡赴棘闱未遇。乾隆乙卯科出闱文甚惬意，自命必售，终弃扼腕。次年屡试列优等，愈发奋理举子业，然不得副其志，遂有修文之召，岂非命哉！公昔在城南隅居住，诵读之外不理家人生业，昆季分析，乃迁居乡之欧塘，田园自乐，时亦涉猎书史。生平气节自负，立品敦学，不肯苟且以贻讥，儒林中亦有足多者。卒年三十有四。子四，皆恂实，季元珍尤称白眉，县府累列前矛（茅），后列邑庠。孙俱森然秀茁，将来发越之盛，当不知其所极也。

## 绣圃公传

公讳淑芬，字芳馥，绣圃其号也。兄弟五，行三。幼敏于学，博涉经史及岐黄书，长弃儒，偕兄弟业贾，佐祖母甘旨。初贡成均，嗣以捐助义谷优叙八品衔。生平言笑不苟，人咸望畏之。及相接，实和蔼可亲，迨所谓君子有三变，诚不可臆测也。暇日子侄侍侧，必引古人善行、先辈格言以为训诫，且好善乐施，行之不倦，凡乡邑公事，捐助慷慨。如宗祠祭资不裕，袁郡试馆之建，三区龙冈书院初创，公昆季不吝解囊。道光十九年，族奉为大尊长，创建寝室，大其规模，以祠资不裕未堪更堂室，先自捐钱二百串为倡焉。本支祖尧七公祠宇未建，商族老清英、金旭等，买族人梅龙众黄茅店房为祠，创立寝室兴祭祀，并预贷己资充修理用，阅数年还本不收息。复与堂侄俊孙等即北江义门祖室为以功公享堂，兴时荐。更于丁桥居室立为翰公享堂，以终成兄弟立贞寿会初意。念一乡荒歉，应备资济赈，助谷三百石于黄茅义仓。其轻财仗义，尊祖敬宗如是，诚堪规式百世而不朽已。子五：长树棠，邑增生；余俱国学生。孙光凰，国学；光荣，邑庠；敬修，以县试冠军邑庠。类皆兰阶秀茁，积善之庆方未有艾云。

## 能裕公传

公讳治素，字能裕，锦麟公子也。性诚悫，幼学于乡塾，师不甚约束，公惟尽其所当务，不逐若辈嬉戏。稍长，弃举业，佐父经理家政，族中睚眦小嫌，靡不恃公排解。生平无疾言遽色，被其容接者若饮公瑾醇醪，人人欲醉。遇公事仔肩是任，而不敢稍疏忽。田下大祠门楼字向不端，公从容斋公倡议改正，力任更造，于是祠宇端整，观瞻以肃。嗣后两人管理祠事几二十年，矢公矢慎，族人咸钦佩之。又袁郡七眼井老试馆，系明多才公遗业，年久被人侵占，公又从容斋公设法赎转，以重亲支。祖业嗣以屋宇倒塌，不堪安寓生童，又相与劝捐，鼎建一新。此可知公之办公踊跃，不遗余力，且见公之敬宗收族，仁孝和睦之至意。吁！若公者，身虽未以科名显，然生平行谊已卓然于尘世中矣。今孙曾多人，类皆恂谨可爱，绰有祖风，又可卜后嗣之昌炽云。

## 苾亭公传

公讳治芬，字锦诚，苾亭其号也。幼随父凤侣公赣塘任所，左右侍养，曾以诚朴可亲见称于南丰进士刘公绍寅所赠序文中矣。性敦孝友，旋里后家道中落，所得升斗必倩长男分送与弟，视彼斗粟尺布之不相容者，大相径庭也。晚岁督率男妇以勤俭持家，渐积饶裕。遇义举慷慨乐捐，龙冈书院为凤倡公书捐钱五十千文，田下大祠又为凤倡公捐进配享三十余千文，公与二弟各出己资捐助，并不攀及诸弟之家计贫乏者。然以生平弃儒业医，未遂显扬大志而顾念。长孙性颇聪慧，因专意以延师课读为念，长孙亦幸得以颐情坟典，早岁游庠，此亦可见殷勤督读之食报为不爽也。德配刘孺人，鸿案齐眉，称贤内助。子男三人，皆朴诚率教。孙现列文庠，曾孙林立，知必有克绍书香、允迪前光于勿替者。

## 旭湍公传

旭湍公，玉振公季子也。兄弟四，次兄清远尚享年七十余，余俱早逝。公性聪颖，博学强记，入泮后恒以训迪为业，本家及外姓子侄多从游以游泮焉。惟赋性刚直，谈论世务不能稍事脂韦，乡党中有龃龉事，将以成讼，公至，明白晓示，情理备至，俱经冰释。族有不肖子，为非多事，因推公作祭酒，于是无赖之徒皆为敛迹。嗣大祠诸公均慕公之正直，群推为大族长，于是族人钦为矩范，而家声因以克振焉。此公之谊而生平性情所见，端无不征其正气之絪缊。至于遭父母丧，哀毁骨立，此亦人之所难能者。子一，之庆，作文师守明文，不肯作时艺了事，卒之邑侯卫松岭识其文体迥不犹人，拔为一邑冠军，从此得入邑庠。孙一，力耕务本。他日后嗣追承先德，自为振作，其发积正未可量。

## 云霄公传

公讳鹤翎，字羽仪，号云霄，元占公四子也。资禀聪异，英年游泮，方不仅以一衿望，而父遽逝，家务坌集，未暇究心举业。凡广公众及元公众业产虽微，悉赖公维持。尝与子侄谋曰："吾欲田下老屋为广公享堂，庶无愧先人。"邑举公管试棚事，克矢公慎，士类咸服，当三年瓜代，不令公辞，专其任者十余载。嘉庆戊午三修家乘，公襄纂修，补遗订讹，足继前人未遂之志。郡无试馆，仪祖公商于公，拟将多才公所管七眼井房屋等业醵金赎回，以为赴试栖息地。公色喜，概将元公众捐银二十金凑合百余金赎回修葺，俾阖族生童无即次之虞。当其为族督也，遇事化大为小，化小为无，一族中悉归亲睦焉。突有蠡山异宗军丁某某者，诬以漏军，首控公名，次及秉彝公等，实动合族之怒，咸解橐为讼费。公又倡元公众捐银百金汇成族金千余，毅然偕治睿公、治康公剖控县府，案经数载而始定，于是非种之锄，军籍无由混。嘉庆己卯，族以家乘议重修，公喜甚，世系厘然，将付剞劂，后因疾未果。虽未能遂显扬，而其敦笃乎宗支者固皆仁孝之可风也。今其嗣克承君志，于后塘屋侧象形山之麓聿新堂构，书香绍袭，公之食报殆未可量云。

## 周云霄公郭孺人合传

公讳鹤翎，字羽仪，云霄其号也。世居城南田下，先世累诗书，多清誉。祖讳继盛，邑庠生，管学事，倡新圣庙，挈腴产助龙河书院膏火，捐资建祠，至今传诵。父讳南，以郡廪贡明经，选新建学博未任，克承父志，捐地基续创祠寝，中年厌城市，卜居后塘村，其善行未可缕指。子五人，公齿居四。总角聪颖，读书目数行下，作文有奇气，余族兄海涵公目为大器，以女字之，即元配郭孺人也。孺人入门善事尊嫜，和妯娌，篝灯佐读，公益锐志举业，甫弱冠与余季弟大绶受知于学使沈云椒先生，同补儒学弟子员。由是庆吊馈问时过从，因稔其生平。公清隽雅饰，无疾言，无遽色，本诸孝友，发为慈良，念宗谱未修逾五十载，力承父志辑新之。宗族之间秩如蔼如也，值衅召外侮，公毅然攻之。葛藟本根，始无寻斧之虞，爰取旧谱条规详加厘定，为异日重新计。遇姻娅朋旧，勤勤恳恳，莫不以至诚相孚，邑诸君子钦其行之端、品之醇也，试棚乏管理，群推公为祭酒司，出纳者阅十数寒暑，无纤尘染，士林中莫不叹为贤。余薄宦归，邑方有事志乘，委余董编辑，公任采访，筹经费，虽婴疾不少倦。逮稿脱而公疾已渐痼矣，犹辟近宅爽垲将为作室谋，乃忽奄逝，余偕同人往吊于庐，远近咸嗟悼，时年五十有六也。郭孺人生长富室，娴大义，尤勤俭能持内政，始析箸只中人产耳，公以邑事孔殷，未遑理家人产，孺人节缩赢余，渐置田宅，拓而至于连阡陌，充阛阓，公得以简夷自居，综理邑事，实孺人内助之力也。公殁逾年，孺人挈诸孤亟新堂构，以成公志，朝夕惟勖子若孙亲正人，远邪佞，敦品积学，以毋坠先人声，尤督诸媳辈日操井灶，习勤劬，一庭之内雍然肃然，闺阁中咸奉为女师。是公之德望著于外，孺人之礼法型于内，夫妇正而家道成，鸿案相将何多让焉？子五人，噪声艺苑。孙曾林立，皆蔚然玮为国器，其食报正未有艾也夫。

赐进士出身、敕授文林郎、南康府教授、前任安徽太和县事、充庚午科江南乡试同考官、愚弟郭大经拜撰。

## 容斋公暨辛孺人合传

公讳淑文，字仪祖，号容斋，珍堂公四子。敏达聪颖，诗文隽峭，名噪童军，早见器于乡前辈，入籍成均非其志也。维在义门同居时，祖母年迈，昆季皆业贾，遂以侍祖母课子侄为己任，次兄廉斋公特倚重之。兄弟卜筑丁桥，公董其事，大其居室，敞其堂轩，尤必广其书舍，其属意非寻常已。举族请经理祠事十余载，念祀费不敷，倡捐灯会以助祭费。祠头门位向未端，倡捐丁义会以资改正，酌增童试乡会试花红程仪，并捐助祠用祭器，一时祠事遂以盛兴。袁郡七眼井旧有多才公遗业，被看守占典，公商能裕公捐劝退，转为府院两考试馆。复商兄弟倡捐改造，首先备资亲为监督，以治刚公勷其事，落成祀多才公四世于堂。绳武公冢淹殁水寨蛇形，公不殚披榛剔藓，再三搜求，卒得碑志于丛冢间，又得多才公数世坟于新坊虎形，至今岁为祭扫者，公笃念一本之大略也。邑中私宰风炽，公与辛公淑邮诸前辈联名呈请抚藩宪、臬宪颁示严示，立堂置业，岁一会宴，申请颁示。生平天性和易，气度雍容，乡族亲其言笑，遇龃龉事，公至罔不冰释。矜恤贫寡，提挈亲好，救全婚姻，解囊解难，迄今犹有述颂其德者，此公好行其善之大略也。配孺人辛氏，系出唐稼庄诗礼名家，德从维娴，居义门妯娌数十人，曾无见其疾言遽色者，勉子力学，诱诫綦严，侍祖姑深得欢心，以其同出于辛也，每呼孺人曰一个字，其孝顺可想已。子二：长树蒲，增贡生；次树丰，咸丰六年恩贡，任峡江县儒学教谕。孙十二：长光璜，郡庠；以次纳粟职监者多人。曾孙十余，俱蔚然挺秀，将见昌炽繁衍，可以征公之余庆焉。

## 文峰公传

公讳淑彬，字崇质，号文峰，珍堂公季子也。幼托业懋迁，偕昆季以货殖起家，积资饶裕。生平好义慷慨，如捐助田下大祠千金，捐助龙冈书院千金，公与昆季踊跃首倡赞襄其事。性果毅伉直，族有外侮，公偕昆季力任巨艰，不殚捐资竭虑以图之。在祠议论持正，违议者即理斥不讳，然于邻族寡弱之辈，又能委曲矜全之不少倦。道光壬辰，吾乡叠遭水旱，公出已资买谷备荒。夏月谷价昂贵，公减价粜与族众，即劝族众发粜公米，族人之沾溉余润者甚众也。其为人虽托身阛阓，而其心与读书人深相契洽，凡宦达诸公计偕之费，靡不解囊相助，所以邑绅来往咸有金兰胶漆之欢。至族中读书子弟尤无不加意栽培，总以琢玉成器为念。然则公之救危拯困，盖无往不推，此好行其德之心以为之也。德配李孺人，淑慎温恭，恂恂有梁孟风。长子益恭，由监生捐授分发巡政厅。次益谦，亦朴诚向义，可见公之食报为无穷矣。

## 迪斋公传

公讳治康，字康祖，号迪斋，凤廷公次子也。性孝友，不喜浮华，少失怙，依母氏以成人，念父博学才富，赍志以殁，乃励志芸窗，刻以显扬自期。性聪慧，为文峭刻，喜读天崇文，二十四岁受知于宗师汪瑟庵夫子，屡试前列，以廪额未出补增。道光乙酉乡试，房官雩都知县黄公名濬激赏其卷，评曰“秋山平远，皱点俱苍”，惜主司以额满遗之。且胆略过人，族公事，公赞襄居多。嘉庆乙亥，蠡山军丁妄扳我族漏军，公与族内诸公挺立辩白，案结乃已。己卯岁，族议修谱，推公与树华纂辑，事未果。延道光戊子春，公乃力肩其事，诸凡世系传记，多系手定。公以谱牒粗成，遂偕两儿业豫章。因素患痰疾，秋闱前病革不起，人咸伤之。虽谱牒一事，族人树华等与长君树楷业已续成厥美，而数奇弗偶，未获大展厥志，公其痛之矣。德配龙孺人，温恭淑慎，未及事翁，其事姑能得欢心。公卒时，年四十有四。孺人以勤俭自持，躬率子妇，井杵亲操，纺绩不倦。且勉二子以力学，不以家务相累。子以故得专心举业，连年肄业豫章，卒之二子以成名，克承先志。长树楷，癸丑恩贡。次树赞，癸卯举人。孙曾蔚起，其食报正未有艾。尤可羡者，长兄夫妇早逝，公夫妇抚兄子成立，人咸谓公忠厚若此，后嗣之发越益无穷云。

## 岐山公暨汤孺人合传

公讳治仪，字凤彩，号岐山，华圃公季子也。幼家贫，未获卒学，乃业商。辞气温和，交游广阔，其书柬斐然可观，市井中称其有儒雅之风焉。尤笃孝友，兄弟分爨，并无负郭之田，公泣不欲分，而父母以家贫人众，难以支持。公乃语其配汤孺人曰：“诸兄多食指，且艰于饔飧，父母供膳，我当独力任之。”孺人亦欣然乐从。公贸易于外，而甘旨之奉随时寄归。孺人井臼亲操，躬任劳苦，虽已分爨，而凡事必禀命于姑，公于是无内顾之忧，而得尽服贾养亲之道。父母没后，一切丧费概不诿于诸兄，而独竭其力所能为，非知孝弟之义者能如是欤？

汤孺人，邑庠桂庵公之女也。生长名门，夙知礼义，归公时家极贫窭，纺绩殷勤，以月代灯，茹藜藿而必以甘脆奉高堂，性柔顺而必以义方训诸子。朴素自安，沉静寡言，虽富而不改其初，生平未尝与人相诟詈，迄今念之者莫不谓其阃范之堪师也。而且好善乐施。徐家段福寿桥，先祖敬淑公所建也，因水圮，孺人诏诸子重修之，而更增高大。裕丰仓捐四十金，府学捐十余金，他如桥梁、庙宇诸善举，诸子禀于孺人，孺人靡不量力助焉。至于周济同宗，老者每给以衣食，亡者多赙以衣棺，诸子商友刘某临终托以七岁孤儿，提携教训及婚配生男始遣之归，其悯恤孤寡又有如此者。年八十八无疾而终。子五：长树清，从九品诰封；次树兰、四树珊，均从九品；三树熀、五树羲，均国学生。孙曾众多，舒甲以盛宗师岁试第一入泮，其余应童试者数人。公及孺人厚德之报未可量也。

## 端彩公传

列贡生周公讳治舒，字端彩，世居县西黄茅。少甚贫，长服贾，家初润。甘澹薄，耐劳苦，家既富亦然，不以田园增而改朴素之风，不以庐舍新而享安闲之福。而其秉性刚直，才能出众，族属诸前辈恒相推许。为本房长，遇有争端，竭力周旋排解，均服公正。邑内田下宗祠公产未足，自公接管，倡议开捐，族众慨然踊跃捐输，而财丰于昔，皆公之为力居多也。至谊关亲属，缘提携而得力者固多，恩爱贫人，因周济而颂德者不少。即乡有义举，修造桥道，未尝不慷慨乐输，无吝色亦无德色。夐哉公乎！可树型风俗矣。令嗣遣价来舍，因贵府家乘将竣而问传于愚。愚虽不足为公阐扬，爰据公生平实迹，聊述数语以传示来裔。公享寿六十有七，无疾而终。

姻愚弟邑庠龙盘斗顿首拜撰。

## 树蓉公传

公讳树蓉，字鲁孙，义门异珍公之适长孙也。赋性耿介，居贫力学，虽饔飧不给，执卷怡然，文艺峻峭，魄力闳深，闻者咸以重器相期。惜数奇，年逾强仕乃得补博士弟子员，而腾达之志究不少衰。其持己也谦讷是守，其弹公也亢直不阿，乡闾仰重之，族众奉为房长，以矜式子弟。维时族长为绣圃公，得公赞理，而强童悍妇咸凛祠规，家声因以一振焉。享年七十有二。子四，俱克自树立，孙曾辈出，将来必有能绍公书香而光大门闾者矣。

## 周士林先生家传

周士林先生，族黄茅，其先国朝旌义门，世儒业起家，官学博。生平寡笑言，静穆之气望而知为有道士也。周氏将辑谱系，其嗣子汉章乞言以志。予闻先生幼从父治康公读，性慧，洎年十九，受知福宗师入校序，其取古学第一，赋镌试牍中。年二十四，食廪饩。咸丰癸丑，以恩贡成均，援例就职，历署上犹、靖安两学教谕。当先生角技风檐，房荐数次，尝拟中，有误用应避字，典试者于卷注“九月初三日灯下复阅，惜之”之语，人以为先生数奇也。教授数十寒暑，多成材，近居有爱莲家塾，早晚督子弟读其中，足不轻至市阛，而遇事人恒取决，尤维持善举，为黄茅义仓力劝捐谷。光绪四年，李方伯奖以“嘉惠桑梓”额。先年军事之殷，土匪乘机窃发，获而歼其魁，地方无事，先生与有力焉。昔太史公称留侯若妇人女子，疑不称志气，先生状貌亦然，而义形于色，诚有非常情所能测者。至其感化族人，一切宰耕牛、聚赌博浇习，则又如王彦方之流，不敢使知名者矣。而吾于是叹风俗之转移，在夫族姓之教诫也。忆昔至黄茅，会周氏祠祀，以神惠招予。食毕，见一二家老坐厅事间，召某某至，各呵责而鞭扑之。问焉，则曰凡一年中有诉于祠者，皆今日听裁制也。呜呼！此周氏之所以无愧为义门也。先生蚤失怙，而能教其弟，育人孝廉，卒成名孝廉，屡与予计偕，癸丑以大挑一等，签分湖北知县，会病告假，归而殁，士类伤之。国学生汉章，即孝廉子，以后先生，而其弟茂才永清，于予弟懋熙有姻谊，予见其家子弟多质美能缀文。《传》曰："光远而自他有耀。"知先生兄弟厥后之兴，未可量也。谨传以归之。余谱载不赘。

光绪二十有三年季秋月上浣日，赐进士出身，前户部主事，改官历知浙江开化、平阳等县事，告养在籍，姻愚侄汤肇熙拜撰。

## 敕授文林郎湖北试用知县周公墓志铭

公讳树赞，字恬孙，号育人。周氏世居万载之黄茅乡，代有隐德，曾大父继德公，孝友齐家，七世同居无异爨，乾隆五十年天子旌其闾曰义门。大父金彩公，积学未遇。父治康公，邑增生，聿绳祖武，相率俭勤。家法成童即执有常业，秀士朴农，无有游惰。公生而朴茂，内慧不外露，稍长，治康公命服田，带经而锄，安焉若素。然性倜傥有大志，岁丙戌，会胞兄树楷补弟子员，公瞿然曰："温饱非吾所志，修之家而献之廷，将溥一世大同之盛，奈何久事阡陌耶?"乃辍耕而读，壬辰岁入郡庠，逾年举优行补增，癸卯登乡荐，益励前修。枕经葄史，孜孜不倦，作文必自出机杼，不拾人牙慧，虽六试春官，乙巳会试呈荐，卒以额溢见遗。盖其勃窣理窟、湛深经术之言，见者无不心折有由然也。余与公为姻亲，自丁未同赴礼闱，每试必俱京邸过从，语无他及，惟以文史相切劘。己酉春，计偕北上，舟行已抵吴城，忽以兄染微疴返棹归里，余稔知其性笃友于，听其竟去。次年复聚于京，留寓数载，惟冀相与有成。乃一第之难，同深慨叹，数亦奇矣。公以功名未遂，老母在堂，定省久疏，又值粤氛不靖，骚扰江湖，道徒梗塞，不获驰归，遂致忧郁成疾。迨癸丑大挑得一等，以知县分发湖北试用，始迂道旋里。抵家后，延医诊视，佥谓元气大伤，刀圭恐难为力，而公方日夜焦劳，谓江汉经贼匪蹂躏，劳来安集，措手维难，辗转筹思，疾益剧增，未几而遂至不起。呜呼！使天假之年，以其学术发之为经济，则其所敷布正未有艾，胡优于才而厄于数，不得借手以展奇才。惜哉！公卒咸丰癸丑年十二月初九日巳时，距生于嘉庆辛未年六月十一日子时，得年四十有三。德配郭孺人，生子三：长汉章，出继胞兄树楷为嗣；次光琦，聘媳宋氏；三光玮尚幼，余腹婚女婿也。女二，长适龙，次适郭。余先公数月南旋，久伤离索，会公伯兄树楷以明经贡成均，借入贺为良觌，讵登堂而公已属纩类数时矣。呜呼！数年聚首，一朝永诀，余其何以为情也耶！哲嗣等卜以明年正月十八日良时葬本村虎形山之原，以知其详者莫余若，求为墓志铭。余虽不文，其何敢辞。铭曰："公之才足以有为，公之学未展所施，孰夺其算，天实为之。积厚流光，食报未已。不于其身，于其孙子。勒石铭幽，以告千祀。"

道光庚子恩科举人、拣选知县、癸丑科大挑即选教谕、姻愚弟李庆咸顿首拜撰。

## 绮园公传

公讳树华，字融孙，号绮园，慎斋公次子，出继廉斋公为嗣者也。雅好读书，幼慧能文，但功名蹭蹬，卒至壮年始克冠童子军，补博士弟子员；行年五十，补食廪饩。前后荐堂者三，备荐者四，超等古学，其见赏于大人先生者屡矣。咸丰十一年恩贡生，咨部候选教谕。公生平多慷慨气，轻财重义，人共仰之。即如黄茅、株市两处倡修义仓，捐谷捐金不留余力，申报上宪得邀嘉奖。至族间兴复田下大祠，黄茅兴建南公祠，仗公之力者居多。族人爱之，奉为黄茅尊长，不言而信，不怒而威，凡一切私宰、赌博、越礼犯分之人，不知消归何地。惟晚岁孙曾繁多，艰于俯畜，即事舌耕，安贫乐道，信从者众，故及门之徒，名列黉门者不下数十人。虽躬不逢时，而仰其品学者，远近如出一词焉。享年八十有三。子五：次濬川，优增生；余俱各安本业。孙曾数十人，或读或耕或商贾，皆能恪守遗训。后嗣方兴，厚德之报，其昌炽讵可限量乎哉！

## 子骏公传

公讳树蒲，字万孙，号子骏，容斋公长子也。智慧过人，善读书。及冠即入郡庠，厥后古学超等见赏，多次补增，因屡荐不售，遂退处于家，与乡前辈共襄义举，不留余力。即如三区修建龙冈书院，经营布置，皆出心裁，迄今称善者久之。又如我族更修田下大祠寝堂、官厅、大门、门楼，规模宏敞，气象堂皇，殊费苦心。至本族有受累者投之，无论事之巨细难易，自始至终毫无倦容，寝息乃止。族人爱之，推为一族尊长，年逾八秩钦赐副贡。子六：长光璜，郡庠生；余俱俊秀可喜。孙曾繁衍，各安本业，而昌炽之风不且蒸蒸日上也乎！

## 豫农公传

公讳树丰，字彭孙，号豫农，容斋公季子也。天资高迈，幼慧能文，尤工诗赋，乡先辈皆以大器目之。年及冠，即见赏于李宗师，古学拔取第一入邑庠，厥后福宗师超等补增，吴宗师古学拔取第一、超等第一，补食廪饩，佥谓投无不利，前程未可限也。无如文人厄命，以致屈处林泉，家居数十年，凡一族振作，一方义举，一切公事，无不竭力其中。至教诫子侄以及族姓，无不以义门家范谆谆垂训，族人士佩服者久之。惟晚岁子孙繁衍，艰于俯畜，遂作远游计。有兰友卢翰坡先生官粤，因买舟以往，至署即聘为西席，连年宾主相得，虽旅舍凄凉，尚不为苦。又有孙渠田先生视学西粤，闻其名即请披阅试卷，事毕抱病以归。厥后由恩贡咨部，候选教谕，历署峡江、上饶、安义等县，而各学诸生皆仰其品端学粹焉。年逾古稀，身尚康强。德配辛孺人，温柔恭俭，奉翁姑，和妯娌，人无间言。子六，皆俊秀可喜。孙曾林立，各安本业，将来之昌炽讵可量乎！

## 节孝周母邓孺人传

周母邓孺人者，叔外祖肇元公之德配也。其于先祖妣为姑嫂行，而先妣又其犹女子也。先妣弃养早，孺人之节概懿德，幼未得所闻。递长侍先祖妣侧，窃闻盛称孺人之贤，为家之人勖曰①。孺人年廿八失所天，茕茕孑立，中抚孤儿，甫四岁鞠育逾寻常，而稍长，使就傅，训诫之，督责之，未尝姑息之。翁姑尤敬事如礼，无疾言，无遽色，容庄而严，妯娌子侄辈悉感且服焉。所得闻于先祖妣者大概如此。呜呼！天下事，耳闻不如目见之真。以光所闻，则先祖妣所目见之者，故证之义门诸君子，无异词也。然则孺人其无愧为义门妇矣。妇人所重三伦，上者翁姑，中者夫，下者子，孺人其又何憾也欤？读《柏舟》之诗，仅曰“之死矢靡他”，若孺人者，敬翁姑，守夫志，昌夫后，不又过之也欤？子一，号笃斋，讳敬修，以县案首补县学生，继食廪饩，生平寡言笑，慎交游，励品力学，士论翕然，惜屡荐不售。然欢承色笑，日侍庭闱，恒终年不履城市，淡然也。孙男四，皆业儒。长承训，以孺人八秩之年入邑庠，人咸荣之。越三年，孺人无疾终，率诸弟丧尽哀，祭尽礼，祔葬于肇元公之墓之旁焉，盖遵孺人成命也。然则孺人之至死而不忘者，其节于是乎益见。

癸卯举人、候补盐库大史(使)、侄外孙龙旂光顿首敬撰。

## 国学生法田公大世伯德配节母李孺人传

茂才周君衡甫，与予订昆季交，虽不恒处而意固相得。一日以书来，为其节祖母李大孺人请传。茂才之言曰，先祖母及笄即归我先祖。先祖幼聪明兼笃学，试虽踬而志不衰，及见朋辈迭售，奋迅之余，继以抑郁，遂疾而没，时先祖母年二十七岁，痛哭绝粟，誓不欲生也。列祖母咸劝之谓：“死节易，立

① 原文如此。

孤难。今幸有二子，虽幼稚，倘能抚之成立，为门第光，亦何愧为完节妇。如必相从地下，此茕茕者其谁恃耶，不几重贻亡人忧乎？且是为其易不为其难也。”既而先伯早世，视先父若掌珠，而课读殊不少假，时有谓其体弱请令辍读者，先祖母曰：“圣贤书岂杀人具耶?”后以咯血故乃宽之，因援例入监。盖自先祖之没至是几二十年，先祖母言不及壶外，足不出户庭，戚族吊庆一切不与。迨先母于归，予兄弟辈出，始破泪为笑，苦节之贞不自觉其艰也。呜呼！是可传矣。予尝读《三百篇》，见所载妇人女子之事不为不多，而以节著者惟卫共姜一人，夫节义具于人心，世之女流其性讵无节义乎哉！惟不能备历艰辛，不移其志，故中道阻丧耳。节母当失所天时，年犹少，二孤一方六岁，一方三岁，母弱子幼，何恃不恐。乃茹荼集蓼，数十年如一日，至于死而靡他，且亲见其子若孙，孙成均游黉序而已，身亦以寿终。非其素谙节义，甘之若饴，能独立于层冰积雪中者，岂易语此乎？宜衡甫思所以传之也。予交衡甫久，知其循循儒雅，得力于内教者多，故于其请不敢以不文辞。

礼部试进士、拣选知县、世再侄龙友松顿首拜撰。





## 海帆公传

公讳濬川，字垂英，号海帆，绮园公次子也。少从父游，读书即求甚解，颖悟过人，会心独捷，深得父母欢心。惜功名迟滞，壮年始入黉门。厥后虽拔取多次，仅得补增，素志未遂，情深乐育，每岁集冠者童子五六人、六七人，课以诗书，勖以孝悌，而束脩之多寡不计焉。姑及门之徒，名列胶庠者指不胜屈矣。惟晚岁喜读奇书，好吟咏，更怡情花木，虽家无长物，心君泰然，守分安命，迄今乡先生犹有道其清风亮节者。至族间有是非，则多方排解。祠中有兴作，则竭力支持。年近古稀而卒。子五，孙曾多人，皆能孝于亲，友于兄弟，非公之厚德，曷克臻此哉！

## 笃斋公传

笃斋兄系我义门肇元叔父之子也，讳敬修，字春华，赋质纯粹，孝友性成。四岁失怙，惟母氏是依，稍长就傅，即能体母氏爱子苦衷，励志芸窗，不涉外缘，严正之气于少时已得其概矣。至年及冠，读书作文各有心得，县府试屡拔前矛(茅)。同治壬戌，冠童子军，何宗师取入县庠，厥后见赏于陈宗师，补食廪饩。屡次文战秋闱，会邀房官击赏。如汪公名绶之者，于卷有评云："文心静细，文笔轩朗。一讲尤旋折得势，次三词无枝叶洗炼，功深诗叶。"又刘公名常德者于卷有评云："首艺格局谨严，笔意高浑，题中无一剩义，题外无一支词。次理法双清。三笔力坚凝，诗妥协。"惜主司两次见遗，文人厄命而兄不计焉。天伦自乐，或视膳于花晨，或问寝于月夕，或以诗书课儿，或以樽酒独酌，吟咏自适，卓荦惟雄，稍有余闲，怡情花木，躬亲洒扫，不出户庭，深得母氏欢心。然兄之懿德不独树芳型于门内也，即在一族无不敬信，在一乡无不悦服，在一区一邑无不仰其道貌。奈昊天不吊，病笃时家人环顾而悲，兄对老母及妻儿泣曰："修短难与造物争权。"别无他嘱而卒。于此可想其兄之襟怀焉。清与兄相聚久，相知深，又与哲嗣同入黉门，此次家乘又与哲嗣共襄编辑，请序于余，清敢不援笔肃此，以志兄之高风亮节于不朽也哉！

愚弟永清谨述。

## 恭呈太学生周公如山世伯传

公讳培冈，字寿初，如山其别字也。公生而颖异，甫龄失怙，节母李孺人抚养成立，获教维殷。比长，从族前辈游学益深邃，而艰于一衿，由俊秀例入国子监，非素志也。生平笃行孝弟，凡事必禀母命而后敢行。诸父昆弟有不急之需，往往取给于公，而公一一周之无拂色。邻有争斗者，公竭力排解，甚或私囊相息，务使忿怨胥平，不鸣于官而后已。至于经管祠事，公正自矢，毫不苟为，今犹啧啧称道。匪特此也，凡遇乡中善举，以及创修寺庙，公无不倡率好义以赞其成。光绪初，公董邑考棚事。是时客民争地，上官檄县另择片壤归客。先是考棚添购郭姓旧宇，尚未修葺，邑人士侦知渠欲图此，众皆愤然不平，几有不能两立之势。既而有一二巨族绅耆密商诸公，速将号舍添建，泯其迹，再另筹款。公于是鸠工庀材，不日而重新之，迨县令札传而事已落成矣。是役也，使非公出私财以垫公用，其事几不知胡底者，公之隐全于一邑所关，岂浅鲜哉！但性过忠厚，多受人欺，故事成而公受累不少。然受累于生前者，无不食报于身后。《语》云积厚者流自光，其公之谓欤？公子六，以三子、五子、六子出继胞兄为嗣，长、四均游县庠，皆卓卓有声。而诸孙之绳绳继继，业诗书而现列前矛(茅)者，将来发越正未可量。溥与公善，且与家君交称莫逆，往来过从得悉公梗概。兹适贵祠重修谱牒，因不揣谫陋，爰缀数语以志其不朽云。

邑优附生、世愚侄王恩溥沛生氏拜撰。





## 南辉公刘孺人合传

公讳树清，字联元，岐山公之长子也，南辉其号也。秉性精明，赋质温和。幼即家贫，未能专事诗书，乃克自树立，操计然之术，亿谋屡中，率弟四人或耕或贾或读，各执正业，卒由困而亨，手创膏腴数千亩。同治间，以军饷开捐，授从九职，贻赠一代。复仗义轻财。黄茅裕丰仓捐谷四十石。徐家渡福寿桥，先世敬淑公所建，因水圮，光绪三年独捐数百金重修之。他如修整学宫、庙宇、道路，无不慷慨乐输。至于族属有艰于饔飧者，或馈之以粟米；有难于殡葬者，或周之以衾棺；既无德色，亦不计其偿也。有友刘某，临终托以稚子，公提携教诲之，至授室生男始遣之归。生平勤劳节俭，虽富而不改其常，所谓贫无谄而富无骄者，公其庶几焉。若夫处事决疑，才智敏捷，诸弟惟命是听，同任艰巨，以故屡遭外侮而精神经磨练而愈长，家道之昌，良有以也。子侄既众，延师课读，十余年殷勤不倦，冀以书声振家，侄舒甲卒以入泮冠军慰其望。享年六十有四。临终时，惟以和睦家庭为训，嘱以楼仔下住屋为岐山公享堂，则公之志可知矣。配刘孺人，温恭淑慎，勤俭持家，足称内助之贤。享年八十，亦可见厚德之载福云。

## 登仕佐郎周公友桂夫妇墓志铭

公讳树兰，字梦元，号友桂，岐山公次子也。性浑厚，笃孝友，务稼穑，崇朴素，和平处世，勤俭持身，不雕不琢，木讷近仁，恂恂然有先民风焉。德配龙孺人，附贡维翰公长女也。娴姆训，习《内则》，事姑嫜以孝，处妯娌以和，勤纺绩以相夫，督耕读以课子，贞静之德，柔顺之言，族戚称焉。子五：长舒甲，以盛宗师岁试冠军补博士弟子员；次光珑，业耕；三光琛，业儒；四光璨、五光璪，业商。余昔馆公家，诸子从游多载，公夫妇尊敬师儒，礼貌不衰。孺人于光绪丙午正月初三日无疾而终，越三月二十七日而公相从而逝。今某月日合厝于祖山之阳，为墓以志之。铭曰："木公金母，同生同死。藏形于斯，佳城万古。既固既安，佑尔孙子。"

附贡生、愚弟王光辅拜撰。

## 树立公传

北江周氏有名树立者，文立其字，怀三其号，从九职，为治皓公次子。少家贫，务本自给。及长习白圭、计然术，占富家之大吉。事二人孝敬不懈，甚得其欢。兄弟友爱靡间，不愧姜大被。训诸子侄最严，少不谨必施以夏楚无少贷，弗纳于邪而后已。治家有法，长幼男女克勤职业，门内肃然。情刚直，遇人事或违于理辄直规之，不为面柔。为本房长，公正无私，排解有鲁连风，以故族内少鼠牙雀角之争。居阛阓数十年，无市侩态。去世之日，人咸惜之。享年七十有三，无疾而终。

邑庠、愚弟刘恩寿拜撰。

## 周君子云家传

周君子云，讳汉章，字煺英，孝廉育人公次子，继胞伯恩贡士林公为嗣。幼聪颖，以童年失怙，佐伯父理家政，已知其有干事才。咸丰纪元，兵祸大亟，万载城屡陷。五年冬，永平李公吉言来知县事，仓卒困难，一日数惊，于除夕奔走铁山界，欲暂寄某乡民家，不纳，折回周陂桥市，夜迷蹶深，坑重裘湿，至杨某药铺易衣宿。君早闻知，立邀绅耆往谒，为谋可以久居与急需之款，俾得次第筹画，募勇请援，县城克复之兆，实基于此。君在诸绅中为最少，故不有其名。曩闻纵谈此事，犹勃勃有英气也。同治五年，某土匪欲乘机窃发，获其魁而歼之，中丞刘保以军功六品。光绪末年，浏阳乱作，谣言蜂起，镇以定静，桑梓不惊。黄茅义仓因灾亏谷，经营续捐，迄于充裕。君才足用世，而仅见于乡邑。凡乡与城接，绅与官接，因应缓急，攸往咸宜，而乡之事，族之事赖以维持剖决者，不知其几也。言论丰采，如在目前，未尝不叹干事之才之难，弱者畏葸，强者恣睢，正论不容于乡邑，不胜今昔之感矣。君熟岐黄术，惯方便人，又其余事云。

清进士、前护湖北安陆府知府、随州知州、侍生龙赓言顿首拜撰。

## 外舅周子惠先生传

外舅子惠先生，姓周讳永清，字璜英，世居邑之黄茅。其先有九世同居者，上其事于朝，旌之曰义门。二百年来，遗风未沫，族中人士皆温厚诚朴，兼以文学大其家声。道光癸卯科举人大挑湖北知县曰树赞者，先生之父也。先生生有至性，父殁时甫八岁，哀毁过成人。家贫甚，伯父训导公课之读，刻苦自励，昼夜不辍。既长，从吾叔祖子明公学，为文出笔隽雅，不落恒蹊。先生盖公之婿也，当是时，公以名孝廉设帐于城西别墅，从游者甚众，独期许先生，以为可成大器，顾屡困场屋，至四十七岁始受知于学使攸县龙芝生侍郎，补县学生员，子明公不及见也，常引此以为憾。先生秉性忠厚，持躬方正，不戾于世，而甚敦门内行。事母能曲尽其欢，恭兄友弟，老而益挚，析箸后犹时虞弟侄辈有缺乏，维持调护不遗余力，善气熏蒸，一家和睦，于是众望大孚。光绪二十一年族议修谱，推先生为纂修。先生不辞劳瘁，勤而且慎，不数月而蒇事，族人大悦。生平不妄交，而最笃友谊，有急恒躬为称贷，不能偿则代偿之。善排难解纷，乡邻宗族有争者，得先生片言即释然，不自以为功也。其色温温，其言恂恂，未尝厉色加人而人自惮之。先生襟怀冲淡，不求荣利，焕章官知县，遇清帝推广封典，特开外戚之例，貤封为奉政大夫，若有豫色而精气则已衰矣，卒乙卯五月，春秋七十有二。配宋宜人，即子明公之长女，焕章之从堂姑母也。柔顺懿恭，勤苦操作，与先生白首相庄，伉俪甚笃。子四人：莘耕、安仁、子纯皆太学生；廷玉邑附生，绩学励行，能世其家，以宣统元年举孝廉方正。

前清特授建昌府泸溪县教谕、升用湖南知县宋焕章撰。

## 周节母杨孺人传

夫死而守节，妇道之至常也。守节而抚孤，妇事之至难也。天下惟能守其常者乃能为其难。男子在官职，有死无贰，古人有之，然六代五季且有不知更姓改物为何事，而觍颜立于其朝者，曾是男耶而不女若耶，如周节母杨孺人其可传矣。节母，城东杨瑞祥季女也，年十七归周，世初其夫也。维时周家中落，婢妪遣散尽，姑以其来自富室，不惯作劳，谓晨夕中馈，冢妇可以独任。节母曰：“劳逸不均，人谓我何？执爨职也，愿与同之。”年方二十，所天遽殒，而孩生甫八月，恸极昏晕，乳且中竭。曾祖姑李泣譬之曰：“捐躯以殉夫，忍痛以育子，孰为重轻？吾先祖姑辛抚遗腹子以光大门庭，可师也。”馔粥少进。丧葬既毕，其兄代谋私蓄，请以嫁时服饰售，始误会为再醮也，则红绿新衣几于捣毁一空，展转数年，夫之兄弟病故交迫，产尽而析爨，斗粟授自姑手，女红不足供事畜，犹幸前资之得以少济一粥一饭。无所谓佳节，新年晚犹勤纺绩，并喜以身历诸苦为孀守抚孤者劝。遇贫病无药资者，私借助之。节母之孙木欣茂才为述其事如此，可不谓难矣乎？节母视之，宁不以为妇道之常耶？自喜新好异之说盛，以荡检逾闲为文明，于是世道人心风俗大忧，六代五季不再见耶？鸣呼！节母其真可传矣。

清进士、前护湖北安陆府知府、随州知州、姻愚侄龙赓言顿首拜撰。

## 周德轩先生传

先生名懋官，号德轩，姓周氏。曾祖云霄，祖映堂，世有隐德。父裕兴，居贫力学，为童子师以资事蓄，常手录名家文数百首，朝夕讽诵，至老不懈。先生幼承庭训，性聪颖，思先人积学不售，攻苦尤甚。弱冠受知于督学陈公宝琛，补博士弟子员。是时科举积弊已深，学者徒治帖括为应试之文，或涂抹剿袭以思捷获，而束书高阁，即《四子书章句》亦多不通晓。陈公按临时，邑中应试者二千余人，试日以“上失其道，民散久矣”命题，诸生县府试前列者强半误解“散”字之义，大为陈公批斥，而独拔先生于稠人之中，亟加欣赏，且行文各属严词训饬，风气为之一变。先生既为陈公识拔，声名藉甚，学者皆宗师之。邑名孝廉宋子明前辈固与先生有姻谊，遂聘为西席，且亲为点窜其文艺，以远大相期许。不期积劳成疾，年仅三十有六，赍志以殁。先生读书能见其大，文章经术具见原本，生平孝友诚笃，无疾言遽色，望而知为有道之士。德配王孺人，性柔顺，甘淡薄，挽车佐助，有桓少君之风。子遐思，胆识过人，民国光复，维持邑中秩序，甚赖其力，历充县立模范小学校长，邑中子弟受裁成者数百人，庶几能世其家业者。

论曰：“法积久而弊生，非法弊也，故曰徒法不能以自行。前清行科举之法，至末流而弊滋，遂并訾科举不足以造士。如先生者，非科举人才耶？虽其学问经济不获见诸行事，而雍容儒雅，不犹有青青子衿之遗风耶？见法之弊遂悍然废其法，庸讵知易一法而其流弊更有甚焉者哉！”

清廪生、世愚侄汪凤郊拜撰。

## 衡甫公传

公讳士铨，字钧化，号衡甫，如山公长子也。天真污(烂)漫，与世无忤。初受句读，心灵善悟，全部《毛诗》寝候能默诵一遍。弱冠从外祖杨克成先生游，动笔惊人，目为大器，酷嗜明文，暇又从而学医与古文词，戏拟讨蛟檄文，气劲词健，见赏名流。年廿八，徐宗师郙古场录取诗赋，批云“官韵妥叶，词意风雅”，拔补博士弟子员。邑侯刘春阶龙河课士，欣赏其文，取冠超等，与龙慕韩先生同为所识，拔士卷尾批云：“近阅状词有士铨名，骇甚。宜远大自期，勿负爱才心。”初，获富刘谢构讼，谢绅不悦如山公并陷之，批语所由来也。壬午乡试，正式呈荐，主考陈宝琛以额满弃之。乙酉科，主师廖寿恒、王赓云堂备拟中，三场不符，乃见遗焉，诗文刊入《同门录》，龙公益三榜后进谒，闻房师犹嗟赏。文憎命达，士论同惜。生平喜培后进，有可造材必竭意扶植。堂侄木欣志于道，食不给，扬于亲友谋资助之，木欣不受惠，又嘉其志而矜之。撤皋比后，业医疗贫，谢仪多即分养诸婶，乙未如山公弃养，始悬壶县城，沉疴能愈，人多誉之。年六十二岁终。惜两代负螟蛉，命何厄人深耶？

## 从九品周公文轩妣辛孺人合传

扬近馆邑城，闲至周氏宗祠，祠有香几丽甚，刻连科名而未及请问其行谊，近以讯之如兄德三。德三曰：“我本生祖也。其言行之详远矣，莫能道，仅有二三事，识于家人相训厉，不敢忘，非曰奇节异行也。先祖性质朴，寡言笑，自少至老，与人无睚眦之嫌。初赤贫，业商致有薄产，遇义举则为之恐后，见宗祠香几朽，捐资造之，匠人刻其名，非先祖意也。黄茅裕丰仓，捐谷十余石，以备荒年。悯乡市有暴骼，购冯家坊土山一大片，俾凡人得而葬焉。伯祖少卒无嗣，先祖命先严后之，田产维均，曰吾不忍死其兄而令乏食也。配辛孺人，庄严孝和，娣姒次第入门，躬其难者，让其易者。自翁姑以下，衣垢则浣濯，绽破则补缀，而发言成纪，室中无少长，皆敬畏之。虽极俭约，而邻里戚族穷乏来告者，又未尝不佽恤也。此数事虽微，辱承明问，为我传之可乎?”于是扬拜手而称曰:”长者哉！公夫妇也。”自世风日下，掊义而崇利，朘公而肥己，不知自恧反以为能者比比皆是。公好施而不务名，可谓古之人矣。世常说古今人不相及，今公与古人其意岂异哉！公讳光甲，字连科，号文轩，六十八卒。孺人五十八。子三，昇、斌、斓培。昇，德三尊甫，出继光榜公，字发科，号蔚轩。德三笃慎好学，中学毕业。诸孙亦恂恂谨饬，克勤克俭。积善之报，方兴未艾也。

清毕业增生龙旗扬谨撰。

## 潜龙小传

君讳群，字子诚，别号潜龙，余之同社友也。天性静穆，气宇轩昂。髫龄丧父，抚于叔父心余先生。及入学受书，聪慧绝伦，操笔构思，出语惊其长老。而君潜心精研，肆意于古。上探鲁邹之微，远窥汉宋之旨，以补科学之穷，而正性命之源，不敢稍自暇逸以坠学业，朋辈中间有暴弃者，必勉之以进德修业须及时也。君子耻独为善，君其有焉。君故善诗，所作非风云月露之想，必以救时补弊为意，盖得诗人大雅之旨焉。书法亦苍劲秀拔，颇得颜柳之神秘，而其志盖亦不在此，不过寄意于行墨之间，少吐胸中抑郁之气耳。毕业于中学，后见世事日趋险巇，欲返之于大康，非口舌所能济事，慨然有慕班传诸人，欲建事业以自树立，虽暂就教席，不过尺蠖之屈耳。岂意天不永年，竟赍志以殁。吁！可慨矣。

民国二十六年丁丑仲冬月，同社兄翟汉仲敬撰。

## 桃发公家传

公字桃发，派光承，树万公之长子也。幼时甚活泼，机警过于常人，与群儿戏，皆听公之指挥，以故族中长者皆属望公。及稍长，出就外傅，过目辄能成诵，乃翁树万公甚爱怜之，常谓公曰："方今世道昌明，贤人在位，吾儿果能努力攻苦，则致身青云不难也，盍往功制举业乎？"公愀然曰："吾家食指日繁，而家中不中资，非扩充生产必将饘粥不维，儿敢以作劳之任委诸大人一身乎？学文之事，儿以余力行之可也。"于是胼手胝足，随乃翁作苦田间，虽严寒盛暑，不敢稍懈。厥后春秋渐盛，经历较多，而识见亦日加长，作劳之余，对于辨土宜、兴水利、抉择种籽、施用肥料皆一一深有研究，即乡中老农无有能出其右者，故家道骎骎日上，居然致富焉。公有丈夫子六人：长锡文；次有兴；三德修；四万里，曾肄业于袁州中学，不幸中道殂丧，公感伤不已，几至丧明；五锡庚。季君万年，幼时常从余游，亦姿性颖敏，与时迈进，毕业于县立模范高小，旋以公年老奉养须人，致未能升学，殊可惜也。公晚年不欲坐闲，诸子又不肯公再劳陇亩，乃设酒肆于黄茅市，借杯中物与乡中故老日夕联欢，仿二苏之遗意，谈香山之轶事，亦足以消永日而乐余年也。德配杨孺人，温恭淑慎，公以佃农起家，其获益于内助者实多。公生于清咸丰二年八月二十六日子时，殁于民国十七年正月初二日亥时，享年七十有七。公丁口繁多，现已有孙十余人，或士或农或工或商，其兴正未有艾也。兹逢贵族续修家乘，余虽不文，因通家之谊，重以季君之请，爰摭其行事而为之传。

民国二十六年丁丑十月上浣，世愚弟汤乾生敬撰。

## 香岩先生传

香岩先生，名焕章，周姓，字丹英，一字子翼。先世六代同堂，清廷曾以义门旌表。兄弟四人，先生其季也。幼岐嶷，飞动若成人，父孝廉树赞公甚爱之。性好吟咏，然托意写怀，不刻意求工而有格有韵，自然潇洒出尘，知非篱壁间物也，文亦清高深稳，无人间烟火气。惜数奇不售，荆山之玉徒以抱璞终焉。然而景公千驷，宁敌颜子一瓢；西京执戟，宁敌夷门抱关。君子尽其在我而已，熏沐何荣，瓠落何伤，固无容心于其间也。先生性旷达，笃于行谊。幼女月莲许同邑辛培芳，因哭母丧明，其父锦云踵门而辞曰："豚儿已成无目之师旷，扪烛扣槃无以辨是非，枳棘岂鸾凤所栖，请别择贤婿以成佳偶。"先生艴然不悦曰："兄亦知古人有约与为婚，登第后女目双瞽而必娶之者乎？以彼例此，亦何视小女之浅也。"卒归之。其时又有龙氏春生，贫甚，先生贷之金俾营商业，数折阅不偿，始终济之，娶妻缺少聘仪，复以金周其急，后春生懋迁致富，初不责其报也。其他懿行亦甚多，世之人得其一端便堪不朽，而在先生则末节焉耳。予故不著，著其大者。嗟乎！人固不易知，知人亦不易也，斯言岂不信哉！予交先生久矣，而其行谊卓卓，不观其文孙俊德所述之事略，至今犹未能知其一二也。此欧阳丹楼先生之所谓子翼多隐德者乎？先生年八十卒。子三，培仪、培笃、培岩，皆有父风。

赞曰："举人龙讱安先生尝称舅氏子翼诗文，有开府之清新，而琛惜其不遇。虽然若先生天爵自高，求之前哲犹少人爵，何足以荣先生哉！惟是槐阴满庭，卜王氏之后必昌，吾于先生隐德，亦有无穷之望焉。昔人谓有隐德者必有阳报，不在其身，将在其子孙。先生之德郁而未光，其食报于后无疑矣。余故表而出之，以为周氏子孙之左券也。”

民国丁丑年，刘殿虎撰于龙河中校。

## 俊卿先生家传

俊卿先生姓周氏，名杰，一名木欣，柏亭其字。世居邑西之丁家桥，清优附生，师范学校毕业。家素贫，读书勤苦，一镫荧荧，每宵深犹声出金石，为文有法度，选义按部，考辞就班，能达难遣之情。科举废，思致力于教育，以为百年树人计，出而任宾兴高小校长教员及龙冈、龙云等校教员，不惜婆心苦口，谆谆诲而不倦，以故其所成就，多知名士。闲尝涉猎《灵枢》《素问》等方书，窃叹中国之医学失其传，而民多夭折，强半由于士君子耻以医鸣，而浅者得其糟粕，借谋衣食，遂自欺以祸闾阎，不禁为之废书而流涕也。因发箧得医书若干种，日夜钻仰，并参以西书之新发明，而要其会通，久之豁然有得，为立方治病，往往多验，如饮上池之水，而受长桑君之禁方也。由是声名鹊起。民国初年，鲁军过境，有辎重营营长周效勃闻而聘充军医，亦多所全活。然而若谷虚怀，尚以为未精，复于县组织医学研究社，以求其能决嫌疑、知生死，而不谬于诊治也。江西省长戚扬知之，奖给“善与人同”匾额。从此，求其医治者，户限为穿，而为其所活者，亦更仆难数。虽不索谢，坐致千金，乡曲中多艳称之。子三，孙四，皆谢庭之玉树也。

论曰：“吾闻上医医国，君子不得志于世，无所借手以医国，则弃儒而入于医，犹不失为活人之术也。惜予老矣，悔向者之不从俞肩游，得其一二，于世尚不无小补。今观俊卿之仁及乡邑，使我不胜向往之怀焉。”

民国二十六年丁丑仲冬月，刘殿虎撰于龙河中校。

## 重华公传

公讳治协，字重华，邑之黄茅人也。世隶耕，未尝读书识字，而孝友之性本之天成。公昆季三人，公居长。家綦贫，恒恃力所入以为生，公日出而作，日入而息，手胼足胝不敢告劳也，惟力任巨艰，不以贫窭之故累其弟。公尝语人曰："世间最难得者兄弟，推父母之心以为手足之爱，余何求焉。"后二弟年长，公又愀然以宗祧为念曰："不孝有三，无后为大，吾兄弟三人今年齿日增，皆未有室，继先人后者谁乎，我岂能以贫窭之故，遂乏先人之后而贻不肖之讥，为兄者当勉其难，弟其勖哉！"弟以公居长宜先娶，公艴然曰："我所谓娶妻者，盖承先人之后，非求室家之好也。弟言谓何？"季弟治肃亦不肯娶曰："我自顾力薄，不欲以妻室累其心，惟求肆吾志焉耳。"于是与公竭力，共俾仲弟治纯完室。治纯亦推让者再，后不忍拂公意，乃以礼娶某氏，生二子，长树谋，次树新，而公与季弟力作以赡其家。兄弟皓首相依，老而弥笃。后公与季弟均以治纯孙祧继为嗣，入继于公，至今曾元济济，方兴未艾，公尽孝友之性，浸昌其后，真所谓根之沃者其叶茂，德之厚者流光远欤！

赞曰："玉不雕琢以完其璞，人无利欲方率其真。圣人无功，至人无名。公其至人者欤？诗咏棣华，姜眠大被，其所由来者远。利较锱铢，衅起萧墙，自号贤达，有不免焉。视公能无愧哉！"

江西省立医学专科毕业世晚生张兆松拜撰。

## 清臣公传

公讳树新，字能启，清臣其别号也。性情豪爽，倜傥多大志。尝苦家贫不能力学，每慨然曰："男儿孤矢四方，岂长为农夫以没世哉！吾顾寒家子，不能读书掇科第，亦当有以自奋报其亲耳！"后值洪杨事起，兵祸蔓延数省，东南均募勇练团以遏乱。公于是舍耒耜而从事干戈，屈身戎行以弭乱为己任。公为人精悍，临事机警，屡以弁卒参密议，擘划多操胜算。一日寇猝至，急不及防，众欲溃，公急当前举炮以却敌，众乃安，盖公之智勇兼全，应变有方，故战守之略，主将恒倚之以为重，每论行赏，公又必推让于人而不自居，其谦和抑如此，同伍中亦因以是重公焉。后兵祸稍戢，公以离家久远，急欲省兄，纪功以议叙八品来归，曰：“同气情深，富贵浮云，吾岂可因功名之念而遂忘天伦之亲耶！”盖公之笃于友于，淡于荣利又如此。既归，择其子之材智，或从事于商贾，或从事于穮蓘，公则挈其大纲，戒其惰、督其勤而已。晴巾雨笠，往来于阡陌之间，与田夫野老话桑麻、课晴雨以为乐，有萧然世外之意焉。晚年尤以敬宗收族为意，凡族中祠会，经其管理者必置厚产、隆享祀，如重一公众念租息之薄弱，遂不惜劳瘁，独力维持，至今祭田惟腴，俎豆惟丰焉。无事则聚族中子弟而训之以孝以弟，公故长者，族之人亦恒喜与之接也。故事无巨细，必待公言而行，是非黑白，必得公言而解，公亦任之而无惮辞。配张孺人，性情温淑，戒旦惟谨，夫唱妇随，相敬如宾，有梁孟之风焉。

世再侄鲍味颜拜撰。

## 周怀三先生暨德配黄孺人龙孺人邹孺人合传

先生讳树立，字文立，号怀三，万载黄茅周氏治皓先生之次子也。自其少时即以仁厚、公忠、勤俭、朴实，得亲欢悦。以贫故，与诸兄弟从事农业，朝夕勤劬，怡然相得。又常有肩挑贸易，期裕生计，险阻艰难，备尝辛苦。常曰：“富贾由天定，衣食勤自得。”平居教诸子侄及乡族少年，常用此语，一时传诵弗衰。厥后家私日起，先生亦勤俭如故，旋于黄茅市开设硝磺油盐铺，其公平正直，童叟无欺，常见称于遐迩。职膺从九，膝绕儿孙，创置田园数百把，终济于屯，人咸谓其勤劳公平获邀天眷云。至于道路、桥梁、族祠、神庙诸捐，莫不尽力所能，慷慨乐输。后以合族公推，充当本房房长，益矢公矢慎，绝无私心，深为乡族所信从。含饴娱晚，无疾考终，享寿七十有三，人皆悼惜。德配黄孺人，温恭淑慎，勤俭端庄，课子相夫，闺型足式。续娶龙孺人，再娶邹孺人，均温柔恭俭，内治无亏。有丈夫子三：长、次不幸早世；三光裔，系胞兄树瑄之子入继，亦有先生风度。孙四人：长培学；次克新，龙冈高等小学毕业；三汉章，为匪害；四包生。曾孙一人。家传忠厚，庆余孙子。浸炽浸昌，窃可操左券焉。

民国廿六年岁次丁丑仲冬月上浣穀旦，姻晚生欧阳涌顿首拜撰。

## 德华公家传

公讳光余，字沛生，号德华，树熀公之次子，入继树珊公为嗣者也。幼聪颖，从塾师授句读，过目即成诵，群儿莫能及之。逮稍长，益发愤攻苦，寝馈于诗书六艺之文盖有年也，惜乎所愿未遂，大病旋作，虽渐愈，终以劳心过度伤及神经。幸德配徐孺人精明强干，巾帼而丈夫，内外家政全恃支持。然性慈善，凡戚族乡里中贫不能自存者，往往解囊相助。民国十四年，岁谷不登，发生恐慌，地方倡议平粜，首捐白米以为倡，凡此义举不可胜数。以是乡曲皆感君之德，其实得力于内助之贤，而君坐享其成也。公享年四十有九。子四：长恭田，早逝；次宽田；三秉忠，龙河中学毕业；四清如，龙冈小学毕业。孙二人，俱幼。兹逢贵族续修家乘，秉忠具事略请传于予。予爰摭其行事序次之，以垂不朽云。

姻愚弟汤乾生敬撰。

# 三、寿序

## 恭祝周母闻太君八十大庆

人生天地间，所图者不朽事耳！顾士大夫多积道德美行，为发舒文章，建立功勋，以仰答朝廷。至贤媛声闻后世，则在闺阃伦常日用之间。忆予自甲戌岁赴春官，以会副拣选知县，教谕万载县学，与邑人士相与往来者将近十载，诸公求予序者，所在多有，而于忠孝节义、有关风化者，每为之奖励而劝赏之。大抵国运轗轲则思良臣，家道艰危则需贤母。盖必有大节不夺之操，然后可托孤而寄命。有临霜不凋之守，然后可履洁而怀清。周母闻太君，乃增广生继才之贤内助，门生冕与璜、镐之母也。当继才先生在日，闻其读书刻苦，日夜无少懈，殆矢志不苟，而中道殁。呜呼！斯时闻太君仅三十三岁耳，嗣君冕仅十四龄，其余抚床抚膝，哭泣之哀所不堪闻。太君当此衷肠寸断，本欲从亡人地下者，睹此诸孤，乃强起视事。又恸夫志未遂，爰择名师，殷勤训课，使得继父业，少未协意，辄痛责之不贷。秉节四十余年，凛凛若冰霜。且又宽惠恤下，俾一家大小，内外肃如雍如，无不各得其所，非禀天地正大之气，中和之德，未易有此。览其行述，即质诸彤管中古贤媛不少让焉。昆玉悉端人，有声文庠。嗣君皆蜚声黉序，长次不幸相继仙逝，季君西京由郡庠以超等食饩，屡试优等，未克大展骥足，仅以岁贡终。厥孙郁文，身列文庠。从礼得游邑庠，不愧为允文允武焉。天之所以连施吉祥非偶，殆甘从苦获，其所以显荣光大之者，当思如何报也。今年季夏，太君年登耄耋，驰书求余文以寿。余与太君诸郎君交久且厚，不敢以不文谢，第欲秉笔，觎缕琐屑，何关太君大节，聊以余所夙闻者书之，其所以寿太君者在此，俾诸君佩服余文，其所思以报太君者亦在此，无俟予言之赘。是为序。

赐进士出身、例授奉直大夫、前分发河南省署理沈邱县、题补孟县、调任新郑县候选同知、原任万载县教谕加三级纪录五次、年家眷弟鲁鸿拜撰，乾隆戊戌季夏月穀旦。

## 恭祝景老先生六十荣寿

万载古康乐地也，士多隽才，而求其敦厚亮直为人士所敬服者，竞推周君景中。邑学田需人经理，例三年更代，众举君应命，予以为允。届代期又无以易君，知君之素行孚于人者久矣。君性笃孝友，尊人以年四十余举君，总角时即先意承志，能得父母欢心，性敏而勤学问，与兄德英并籍隶博士弟子员。顾念父已笃老，兄亦已早逝，遂弃举子业，管家政。兄子数人，教养婚配视之如己子，今皆崭然见头角，其事君亦如事父。君不欲析其居，营构大厦，朝夕训以德义，女妇雍雍如也，僮仆䜣䜣如也，咸谓有万石君家风。君富而好行其德，营祖祠，首捐金为倡，助修文庙，捐助书院膏火田亩，出诸宫中无所吝，视邑之利病如已，治公事如家事，以故莅兹土者，莫不心仪其人。今仲春之望，值君寿跻花甲，戚友请予言以侑觞。予谓国之兴不独其官材茂也，有寿俊庞硕之彦，修于国，匡失俗，垂彝教，举其民于仁寿，而国祚永赖。家之兴非独其才隽显也，必有寿俊庞硕之贤，修于家，树行业，迈种德，约其家于仁让，而嗣祚以昌。今观君之忠信既修诸身矣，友恭既被诸家矣，义行又风诸乡矣。修诸身而真以其身寿也，被诸家而长以其家寿也，风诸乡而环以其乡寿也。矧乃德配恭俭，仁爱绰有徽音。而嗣君允文允武，孙曾竞爽，所以显荣而光大之者岂有极哉！行且寿于国，寿于天下矣。《记》曰："六十杖于乡。"杖者，仗也，言为人所倚仗也。以君之德义，为众所凭依如此，洵不愧杖乡之义，而自是而杖国杖朝以迄于就见之年。余虽老矣，尚能为乡人士颂之。

乾隆二十六年辛巳仲春月，年家眷同学弟鲁鸿。

## 姻母周母辛大孺人九十节寿序

门祚之衰盛，岂不以人哉！每见声实鼎盛之家，意气之鼓动，可以不指麾而奔走天下，就其福庆之隆炽，神合景附，若有物焉相之。观其流泽所被，宜可垂及子孙，远或百年，近者犹当数十年。而其既也，侈盈耗弱不旋踵，而造物者若无意于其家，而潜隐笃修者循循门内，初无所责望于天，而至性所薰蒸，即巾帼之美，瑰意卓然，往往自发其幽光，此盖人事之所必然，而遂不期然而然也。吾于节母周母辛大孺人之寿有感焉。孺人为吾族茂淑公女，年及笄而适黄茅周室。黄茅自以翁先生以名德教其家，谨风火之义，世敦孝友，食指数千，同财者累世未尝异居，吾江右所称义门周氏者也。孺人为名家妇，年二十一而所天早世。尊章以高年在堂，遗孤尚稚，良人既乏同气，仰事之职靡可分任。而家法子弟无藏货，又不得尺寸赢余以便其私，以凡情营度，谓宜苦求析产，资婢仆之任以代勚，并可节缩出入，日积月长以厚孺人。而孺人见不谓然，恪遵成训，同居无间言。盖至亲见其子若妇之始终，以逮厥孙曾，彬彬焉其家以义门被旌，而孺人已先以全节承天宠、表门闾。累世一堂，由悴而荣，于兹九十年，考其本末，莫非人世之所难也。噫嘻，岂惟孺人哉！方以翁先生厉古人之行，以垂型于举世不为之日，其时非无高门望胄，声实雄厚，倾耀流俗人耳目，荣落逡巡，迄难追考。先生立志皎然，独为其难，良法美意，传守且百余年。而于其间，孺人复不辞其难，以助成一家之美，以风天下，于以见人定者胜天，而其家福祚之盛，宜不能量其所至也。余幸托葭莩之末，素仰义门家风及孺人之贤，往岁在章门获交令孙秉懿，癸丑恩假南旋，曾拜谒其家，遍识其一门长幼，尊酒流连、古欢稠渥者弥日。兹者里中朋好书来，述孺人以岁八月九十寿，谊不容无言也，故谨次见闻所及，邮致以为觞侑。又况吾友秉彝壮猷夙负，近闻急公奏劳，总辔而登皇路，板舆迎养之适有日矣。孺人其益油然加爵，迟十年期颐寿辰，余又将走笔而遥祝也。

嘉庆　年　月上浣之吉，赐进士出身、翰林院编修加一级、兼武英殿纂修国史馆协修，同里年家姻侄辛从益拜手书。

## 旌表节孝周姻婆高孺人七十寿序

虑羲画卦，首之以咸，而继之以恒，夫妇之道不可以不久也。果其齐眉偕老，固于恒之义允协；不幸早失所天，厉以苦节，而于恒其德贞，从一而终之道尤无亏焉。姻婆高太君，为议叙郎高力斋公次女、文学愚溪公之胞妹。姆教婉娩听从，深娴钟礼郝法，不愧为淑媛。年十八于归学博周静斋之冢嗣瑞云公，敬戒兼全，倡随静好。乃瑞云公逾年而顿染沉疴，又逾年而修文地下。尔时姻婆年仅二旬，上有翁姑，下无子女，凡亲族罔不哀恸，而姻婆心如冰雪，志矢《柏舟》，奉养高堂，涤瀡敬进。抚犹子树蕙为己子，爱如己出，始终不倦。配国学生刘香圃之闺秀，姑媳欢爱。曩者姻婆年跻花龄，树蕙名高槐市，青衿等以姻婆节孝请恩旌表，建绰楔于县东城外之小岭亭（此坊因民国二十三年拆建碉堡被毁），广文高鉴浦公、孝廉袁勤斋公俱赠之以联，镌于柱石，以昭褒嘉。姻婆之令孙女旧岁适家二兄长子图瑞，其《内则》得于家教者有素，而姻婆之嫓婳坚贞得于见闻者尤真。今岁孟秋，为姻婆七秩设帐良辰，二兄备录懿行走书浙西属余序之。适余奉调入帘，迨秋杪旋署，乃能举姻婆之德而阐扬之。溯自戊戌以来，于兹五十余载矣，而姻婆志弥贞，守弥笃，福履永绥，统六纪而如一日。积之深者发必大，德之厚者报必隆，令孙三凤俱能济美，而又见曾孙森然秀茁，何乐如之。节以恒而愈固，寿亦以恒而愈长，由是而耋而耄而期颐，非有恒久不已之德，乌能有恒久不朽之征乎？余不文，闻贵族续纂家乘，敬陈芳徽，垂为闺阁令范，爰邮书遥祝之。

赐进士出身，知嘉兴府石门县事，壬午、乙酉、戊子三科浙江文闱同考试官、姻愚侄卢昆銮顿首拜撰，时道光八年良月上浣榖旦。

## 恭祝例封孺人尊姊周母汤孺人七旬寿序

五行百产之精，所以养生人之大命，而造物恒靳之不轻予。虽以心计，若陶猗、孔桑之徒，劳神竭智，日事持筹握算，而营者千百，偿者无二三，即或得矣，曾不转瞬炎凉异观，朝焉富家翁，夕焉窭人子，乡曲间如此类者比比皆是，其故何也？意者，得失固无常数耶？所以得与得而不复失者，自有在耶？吾姨周母汤孺人者，桂庵世父之季女，而从兄镜堂其弟也。周氏宅黄茅，世传忠厚。先是宏谟公以医名，其子清英先生继之。先生为我大姑母杨门之婿，席前人余资中落，其子凤彩姊君乃操什一术，为人多智且和悦，侪辈无不乐与交，顾以数奇，落魄不得志，游江汉间竟客死。然是时人皆以其有子，而知困之必亨也。子五人，俱岐嶷克自立。长联元，尤绰有父风，善治生，不十年果家致小康，又不数年拥金巨万。然人又皆不多其子之能，乐道其母之贤也。《易》之言曰："内文明而外柔顺。"吾姊其庶几有焉。吾尝征之周氏族党，与夫邻里交游，佥谓姊治家俭勤，待人尤宽恕，人即非理干率，多委曲弥缝，喻诸子勿与校，卒之人亦罕不心折者。噫嘻！和气致祥，厚德载福，天下事成败利害，大抵其机由一人耳，若巾帼中则非深明大义曷知此？今年二月，为吾母卢大宜人七旬诞辰，姊来，吾谓姊逾月亦七十称觞矣，将以文寿姊何如？姊曰："吾有何称述而可文。虽然，吾自幼迄今且老，一生艰苦，惟弟知我，亦惟弟能为我言也。"因遂一一叙家常而追溯为子女时事。先是桂庵公颇不事治生，困至艰度日，尝携子镜堂走百里外馆芦溪，岁得谷祗供膏火及往返资。姊随母纺绩，以月代灯，早晚惟煮撮米瓦鬶中，会岁饥，遍籴得谷数斗，遂并糠窍食之，盖姊之为女，操作食贫，无异为妇也。然即其为妇，亦大率类是。夫人世丰啬何常，天之啬于先者，安知不啬于后。而在姊要始愿不及此，此亦可以养隆处优，少酬数十年之劬瘁矣。乃自姊视之，则意又有说。姊曰："昔吾五十质衣，易面少许为家庆。逮六十，有贺者方治具，忽闻报失意事，惶然遂谢客。今吾七十，幸诸儿能制产供食衣，使吾以布粝终余年足矣。凡人志满则骄生。昔吾贫，贫而安。今则不然，利之所在，舟中人皆敌国，吾惧乎铜山之为冰山，金穴之如虎穴也。故人谓吾能以委曲弥缝，使有事如无事者，吾以为保家之道固不得不如是也。"时戚友在吾家者，吾以姊言告，皆曰：“旨哉，斯所以为贤母哉！”使周氏诸子能不违其母训，可以长守富矣。因即次第其文，为姊侑爵，知姊必忻然意肯，谓可以寿我，非世俗祝嘏谀辞比也。顾姊特今七十耳，吾尤愿嗣是而八十，而九十，而百年，姊之寿愈进，而周氏亦福泽愈隆，所以为显扬者未有艾，岂区区封殖云乎哉！是为序。

赐进士出身、户部主事四川司兼山东司行走、改归知县铨用、诰授奉政大夫同知衔、前浙江开化县知县、充癸酉科浙江乡试同考官、同堂弟汤肇熙顿首拜撰。

## 四、义门录[①]

### 诰封

礼部谨题，为题请旌表事。该臣等议得，定例内载：民有累世同居、和睦无间者，建坊里门，题名忠义孝悌祠内。等语。今据江抚伊星阿疏称：万载县民周继德六世同居，一门敦睦，取具册结，题请旌表前来。查与定例相符，应如所题，准其旌表。恭候命下之日，令该抚转饬该地方官给银三十两，听本家自行建坊。其忠义孝悌祠内题名之处，照定例遵行。乾隆四十九年十二月十八日谨题。

本月十九日奉旨：依议。钦此钦遵。

### 序(一)[②]

家道之昌盛，莫不借祖父之懿行，以敦其源。假任其湮没，后嗣固无由而知，更何以动其勖勉继续之思乎？我家自高祖文远公生四子，先曾祖以功行二，当分财之际，兄弟较量肥瘠多

① 《义门录》收录的是黄茅周氏被官府旌表为义门这一事件中的相关文献。
② 序号为整理者所加。

寡，曾祖独置若罔闻，田庐器物，听各公自择后，始取其余，与汉汝南薛孟尝隐相符合。而先祖律声公兄弟又甘心安受赞襄，以成厥美，此皆吾族前辈常津津乐道者也。厥后，敬庵公兄弟三人益明大义，当子侄侍侧时，常以前美为训，同爨相勖。雍正庚戌，二伯璧一公谢世矣。乾隆壬午，敬庵伯又不禄。惟家父岿然独存，而志操益坚。岁在癸卯，合邑绅士先生以六世同居公举具呈，当事诸公均不惜奖劝之力。甲辰冬，叨蒙圣恩，旌表义门，夐乎尚已。夫莫为之前，虽美弗彰；莫为之后，虽盛弗传。兹谨将抚宪大人题本，并合邑先生公呈事实，及列亲友所赠诗文联匾，一体付梓，非夸张盛美也，无非欲祖父之懿行流传不没，俾后嗣子孙得以触目惊心，顾名思义，庶义门之声称，谦让之家风，不无小补云。

乾隆五十九年岁次甲寅孟冬月，金华谨志。

## 序(二)

尝读贾太傅《陈政事疏》，至耰锄德色之语而窃叹曰：嗟乎！俗之敝也一至此乎！”汉去三代未远，文景史称贤君，不能骤挽颓风则甚矣，久道化成之必需乎圣人也。我朝圣圣相承，皇上寿考作人，所以端士习而厚民风者，度越前古，各行省之屡以数世同居入告也宜哉！岁丁未，余在虔度岁，主于赣塘周公鹤友署，见其谦谨待人，食用有经，而心异焉。旁询之，乃知其家万载，自曾祖以逮孙辈，六世同居，其叔父名继德者于三年前经部请旌，奉旨建坊，并题名于忠义孝悌祠内矣。家风醇厚，何怪乎鹤友之善气迎人乎？虽然太和之气养自君上，而亦在臣下之各自凝承也。大顺之德，启自前人，而亦在后嗣之善为继述也。朝廷仁育义正之敷政，遐迩一致，然苟非鹤友之祖父能受教泽，何以一门之内，独见和气之薰陶。祖父源远流长之积累，传授无穷，然非鹤友之子孙能守家声，何以六世之遥，犹征顺德之绵邈。余急请其治家之法，鹤友乃示以先人之遗嘱及二兄之教言，娓娓数千字，皆可法可传，而尤以勿听妇人言为谆谆。於戏！即此已突过前代之百忍字矣，何得以咿唔占毕之绳尺相衡量耶！抑余又闻之，位无上下，总宜恭俭，在上位曰不侮不夺，在下位曰不忮不求。汉文帝能恭俭，故天下安。士庶人若恭俭，则身家泰。今观鹤友之审于接物，而卑以自牧恭也，食之以时而用之以礼，俭也长若又诚朴可亲，童孙亦沉静可喜，因以知其家之犹子从孙必皆恂恂如是也。于以继继绳绳，长受国恩，而永保家庆，虽数十世同居可也，岂特六世而已哉！

赐同进士出身、原任国子监典簿加二级、钦点丁酉科顺天乡试帘官南丰刘绍寅谨序。

## 序(三)

万载黄茅周氏七世同居，天子旌其家曰“义门”。盖国家承平日久，涵濡休养，和气熏蒸，至于山陬僻壤，莫不欣然向化，甚且累世孝谨，聚顺一堂，视夫异宅别爨，思以肥其一身一家者蔑如也。岂不盛欤！月台辛君，万载文学士，又周氏姻娅也，知其家甚确，常告余曰：“周氏之先不及详，七世以上，世推一人主家政，百数十人皆受裁焉。自习举子业以至力耕任劳，服贾走四方，量其资之近而命之，无弗从者。纺绩纫针，使妇女各执一事，以供冬夏之布，无私卖于市者。小儿女序坐饮啖，寂不闻声。家故薄，所食粗粝园蔬而已，鱼肉非岁时伏腊不设，至于老者、宾客，未尝或阙。凡卑幼禀命拱而立，莫敢坐于长者之前。平居教子弟，循循有礼，里中识与不识，望而知为周氏子也。”予闻而叹曰：“周氏家法推之，平治天下可也，岂第风示一乡一邑已哉！”宋江州陈义门百犬同牢而食，一犬未至，众犬不尝。今周氏有豚甫生，母亡，旁犬就豚乳之，日以为常。夫和顺之气由人及物，不假勉强，而皆出乎性之自然，即此一犬，先后如出一辙，是足以膺义门之宠锡而无愧矣！辛君请予文纪其盛，予固乐道节义之事者，遂书以为序，使归于义门，庶有以坚其志而为天下后世法也。

赐进士出身、任福建汀州府长汀县知县奉新徐曰都顿首释撰。

## 序(四)

天与人之相感，其理一也。能得人心者，必得天眷；能得天眷者，必合人心。如影随形，如声随风，有诸此必得诸彼，盖未然而知其必然，已然而叹其固然也。翁家七世同居，余已为请上宪入奏，得蒙旌表，而验之吾所闻所见，尤非近今所多得者。忆余承乏司训，始至邑中，问有能孝事亲，敬长蔼，如春温瑞气盈庭者乎？曰："唯周氏。"问有能和乡里、睦宗族，与人相接，亲疏无忤者乎？曰："唯周氏。"问有能士农工贾各安其业，博弈好饮竟无一人者乎？曰："唯周氏。"问周氏之食指若何？曰："已百有余矣，尚合爨而居，是吾邑之第一家也。"余所闻内外无间、能合人心者如此。及后在庠数人执弟子礼来见，皆沉厚淳笃，不愧为读书人。越数年，而余女甥字翁之侄曾孙树名，余婿应氏亦吾宜之第一家也。余曰："此足以相配矣。"余长子、四子，皆造翁庭，客至则少长咸集，一家肃然，晋接如礼，虽信信宿宿，而妇女之声不闻于外。家之童稚，以数十计，而嬉戏谩骂不闻，此岂一朝一夕所能致乎！其尤异者，己酉大旱，数百亩将槁，忽甘泉涌出，禾遂大熟。余所见和气致祥，能邀天眷者又如此。况天之所眷，此不过发其凡耳，将来又可量乎哉！《易》曰："积善之家，必有余庆。"理固然也。诸郡勉之。岁丁未，有湖南谯姓十三世同居者会至此地。翁之后人能世其风，家将数十世可也。岂特七世与谯姓之十数世乎！

乡进士、现奉部文截选知县、以教谕衔管袁州府万载县儒学训导事、加一级、又两次覃恩加升二级、年家姻教弟李孚拜撰，时乾隆五十八年岁次癸丑仲冬月书于康城学署。

## 事实

一、周继德家自祖爰试勤修本业，传生二子，长志垣、次志翰。志垣子二，长继谟、次继德。志翰子一，继烈。至继谟得年六十一岁；妻汤氏，现年八十岁；有子七人，长列文庠，余俱向义；孙二十七人；曾孙九人。继德现七十八岁；妻龙氏，现七十岁；有子五人，长次俱列文庠；孙十一人；曾孙二人。岁时伏腊，追念父母兄弟，时现赤子之心，邑人高其行谊，屡举乡饮不就。长子金华蒙前学宪谢准举优行注册。继烈得年二十五岁；妻辛氏，早寡，现年七十四岁，乾隆四十三年蒙详请题旌表；子一；孙七；曾孙二。迄今六世同居共爨，内外肃雍，家范之修，合邑共仰。

一、周继德家无厚产，相率勤俭，秀则士，朴则农，服贾治生。上供国课，争先输将；下分衣食，内外一体。男婚女嫁，度德量力，不论财物。宴会亲朋，惟长辈相陪，余只蔬食菜羹，粗充身口，不饥不寒，日夕供业，无有游惰。

一、周继德家循礼名分，父坐子立，兄先弟后，厅堂之内不闻妇女声，门庭整肃翼翼焉。每食，内外分设广席，尊卑长幼，依次序坐，必有仪节。其年未十岁者，另设小桌，亦分序列，教以揖让。有一未至，俱不先食，雅令宜人，见者心折，闻者道服。

一、周继德家择男妇性行之当者，分理内外，每事必禀命家长而后行。凡资财出入，无私货，无私蓄，无私假，与往来赠答，一秉公慎。至戚内问，虽老妇必麾门而与之言，族长为之矜式。

一、周继德家自祖父由县城迁居本邑十二都一图黄茅乡，大小惟务家修，子弟非祭祖、醮墓、应试、完粮不入城市，遇乡里是非，力为排息。至修学宫，建宗祠，一遇盛举，不遗余力。而修学宫，尤倾囊以助，前邑宰张给有“辉光辟雍”之额焉。

## 公文

乾隆四十八年十一月，江西抚臣伊星阿题为秉公举义恳详请题以奖善良以广甄陶事。据署江西布政使司布政使李承邺详请，据袁州府知府高芝详据万载县知县谢衮详准，儒学教谕彭振东、训导李孚查得，里民周继德同居传及六世，丁口蕃至百余，姜家之枝常温，田氏之荆不瘁，由兹九世共处，将遥企乎张公，抑或八叶同堂，堪追芳于陈室。一门雍和，万邑景仰，绅士既同词而请，敝学合遵例以闻，并据查取世系事实，理合造具清册，同族邻甘结转详到县。卑职确查周继德六世同居委系属实，核对丁口亦属相符，并无虚捏，合将送到册结，详请本府。等情。据此，该袁州府知府高芝看得，万载县民周继德同居业经六世，共爨已逾百人，世(式)好无尤，雍睦之凤(风)足尚；人言无间，乡里之颂堪凭，于以征圣治之感兴，实可为人伦之矜式，既符旌典，宜协舆情。兹据该县学查取册结，加具印结，详送前来，理合具文详请。转详到司。据该署布政使李承邺查看，帝治光昌，海宇仰郅隆之盛；皇仁周浃，闾阎称乐利之休。惟朝廷之涵育已深，斯草野之雍和克著。兹有万载县民周继德者，六世同居，一门敦睦，合炊烟于累代，食德饮和，聚丁口者百余，型仁讲让，兄弟则睦怡有序，孙曾更蕃衍多贤，宜邀旌表，以树风声。兹据该府县学取造册结，具详前来，本署司查与例符，相应详请具题请旌。等情。呈详到臣。据此，该臣看得，会典内载：旌表义行，有屡世同居、和睦无间者，建坊里门，题名忠义孝悌祠内。等语。兹据署布政使李承邺详称，有万载县民周继德者，六世同居，一门敦睦，合炊烟于累代，食德饮和，聚丁口者百余，型仁讲让，宜邀旌典，以树风声，造具册结，请题前来。臣复查无异，除将册结揭送礼部外，理合具题，伏乞皇上睿鉴，敕部议复施行，谨题请旨。

乾隆四十九年九月二十八日拜发。

署袁州府正堂广信分访府加五级纪录七次陈，为题请旌表事。本年三月初三日，奉布政使李案开，本年二月二十日，奉巡抚部院伊案验，乾隆五十年二月十六日，准礼部咨议制司案呈，礼部抄出本部题复江西巡抚伊题万载县民周六世同居请旌一疏，于乾隆四十九年十二月十八日题，本月十九日奉旨：依议。钦此钦遵。相应抄录原题，行文该抚钦遵办理可也。计粘单一纸，内开议得定例内载：民有屡世同居、和睦无间者，建坊里门，又直省府州县卫于学宫内建立忠义孝悌祠，祠内立碑，将前后忠义孝悌之人题名于上。各等语。今据江西巡抚伊疏称：万载县民周继德，六世同居，一门敦睦，取具册结，题请旌表前来，查与定例相符，应如所请，准其旌表，俟命下之日，行令该抚转饬地方官给银三十两，听本家自行建坊，其忠义孝悌祠内题名之处，仍照定例遵行毋违。

右仰万载抄案。

乾隆五十年三月初七日

## 五、鑫山军丁诬扳漏军案资料

### 鑫山军丁诬扳漏军案略

族之赖有人也，敬宗收族，创祠宇，辑谱系，尚矣。而其捍御外侮也，更不可无人以为一族之藩。我族自乾隆丙寅重修谱系，越嘉庆戊午三修，之于老谱诞妄不经语，概删除以归平实。但当三修族谱之后，老谱未能取齐，族中浅识之辈因讼呈案，又不知及时领回，以致被人弊抽改冒，所以嘉庆二十年乙亥，鑫山军丁有诬扳图诈之一案也。鑫山军丁与吾族同姓不宗，谱系各别，是年四月，妄行县首，族人毫不介意。继闻鑫军于县承发科弊，抽吾谱装点冒合，又以凤真阁碑记载有“粮运入燕”等语，与我族老谱似属影响。又查各处被丁诬诈之案，动辄拖累数年，牵讼无已，费用不敷，于是兢兢持慎，阅两月始行诉呈。族众公议，每丁派出钱四百文，又每田一百把派出钱一千五百文，又各殷实家俱书乐助。其时被控者为秉懿、鹤翎、延龄、东麟、喜红五人。秉懿兄谋虑素深，当此讼兴之会，体虽清癯善病，百计图维，焦心劳虑，思洪武都建业，其时并无燕运，此事必须从鉴史中考据精详，方不堕其彀中，于是命其弟淑芬与康，及其侄树棠等夙夜殚心，将《明史》及《资治通鉴》[1]暨通志、府志、县志查考细核。其时委无燕运，伊扯我祖为饷辽，查《明史·食货志》，先后饷辽只江浙边海卫军，于江西无涉。又查伊谱，四世祖巨川系欧普祥部附名纳款降卒，与《明史·兵志》所载归附及诸降卒，“其军皆世籍”相合。伊五世祖寿轻为编审册当军第一世祖，与我祖毫无相涉。于是援据鉴史呈诉，案如泰山，而我族之心咸安，鹙军诬诈之心少息。及庭讯之日，秉懿兄之季弟崇质悯兄勤劳，代兄负荷，以兄体少健，雅不欲以兄与鹙山军丁对审，且案皆根据鉴史，自应族中读书人出身。鹤翎兄系被诬有名，时为族长，义不容辞，复择识力坚定者肩其事，时治睿兄与康与焉。自是经营其事，垫出费用者，秉懿兄之昆季也。诉呈庭讯者，鹤翎、治睿与康也。催各丁钱、田钱、乐助者，能裕、绍富也。前后万载县梅宪审者数次，府宪降委宜春县徐审者一次，府宪隆、谭审者数次，详各上宪及粮宪者二次，阅数年始行完案，用费千余金，自非我族有器量者同心合意以为之藩，鹙山军丁几何而不肆其诬扳于无已也？今节录其案略于左，俾后之人知谱牒之收藏宜慎，而前人之苦衷为不可忘也。

时道光八年戊子二月　日，嗣孙治康谨识。

## 嘉庆二十四年四月十八日

告状职员周锦璠年五十一岁，生员周兆璜年三十六岁，住鹙山，为呈首漏军，乞查归户，急救补造事。职等先人自宋来万，世居西隅田下，顶户当差，历系西都二图民籍，并非屯军。

① 此处误。明初史事与《资治通鉴》无关。

至于入卫承差，始自前明顶充，传至本朝康熙、雍正，户族星散，大半遗漏，是以周文章户签承出运，因未分争军民。迨乾隆年间奉造十年编审，即将出运之丁造册，后又奉造五年编审，亦未呈首伊等。兹西隅凤真阁碑，祀奉神像，现有崇祯、乾隆年间照前重刊碑记，中载“周姓粮运入燕，神首破浪跃舟，载归昭祀”等语。碑列周姓四人，伊家有三，职家仅一。伊又节年来庙祭祀，溯典犹不忘初。今既瞒漏日久，丢与职支承运，绝不帮同效力，不思伊非同顶军差，焉能叙载粮运。既称粮运，漏军躲差确据显然。为此刷呈凤真阁碑记，电恳文廉赏准，差吊周鹤翎、延龄、秉懿、东龄、喜逢等世系宗谱，查核究漏，补造承运，万感上告。

被告：周鹤翎、延龄、秉懿、东麟、喜逢。

**经承兵房**

梅批：周鹤翎等是否漏军，姑准差吊宗谱，传讯察夺。碑摹附：

六月初三日，告状生员周鹤翎、治睿、治康等，为强引碑谱，变乱定籍，乞究诬诈事。生祖历隶隅坊田下西都一图一甲民籍，与鳌山周军籍祠谱各别不相涉，兼编审册、烟户册、捐册、考册、粮册存署，确据可查。讵鳌山周锦璠等狡图索诈、诬以漏军等情，耸批录式。切凡住邻境州县而脱漏者有之，岂有聚族本境城内而可脱漏者乎？抑军民驿灶等户，总以原报册籍为定，固不得诈冒脱免，避重以就轻，亦奚容冒合变乱，改轻以附重，此国制森然不可易者也。倘听强引诞碑旧谱，只据父老相谓传闻不实之语，借以变乱盛朝百余年原定册籍，制乃纷更，益滋厉矣。生谨粘碑辨，并抄修正宗谱所载历代捐考衣衿百十余名，汇单呈核，以凭吊察籍贯。况康熙、雍正、乾隆年间节次编审清查，嘉庆元年又经部饬各州县卫所据实补造，如有隐匿及妄首者，均按律治罪。生族果系漏军，伊何历甘容隐，今始呈首，妄首显然。新谱临审呈验，上告。

被告：周锦璠、兆璜、锦鹏、万邦、万胜。

梅批：候质。讯单附。

## 宜春县知县徐公堂谕（公名乐山）

五月十八日奉府宪发审，万载县生员周鹤翎等具控生员周兆璜等诬扳图诈一案。查此案前经万载县审讯，业经讯明，周鹤翎等是民非军，断案内考据鉴史，逐层驳饬，可谓明晰。而兆璜等竟未输服，以致互控。粮、学二宪批府提审，转缴到宜。本县集讯之下，周兆璜仍未能指出漏军确据。第振供称，该生家谱一、二世祖公七、仲二，与周鹤翎谱载行列相同。凤真阁碑记有“周姓粮运入燕”语句，与周鹤翎谱载洪武二年粮运入燕符合，即可作漏军证佐。等语。查核两造宗谱，公七、仲二排行虽同，而祖名妻氏葬所各别。洪武二年并未都燕，何能以粮运入燕即指为军运。周兆璜等又称周鹤翎所修新谱截去公七、仲二、惟文三世，而以国宝为始祖，皆由闪避军家如此修改，质之周鹤翎等则称老谱一二三世年分久远，既无事迹可考，又无葬所可稽，是以族中公议始于国宝。其国宝祖名下所载“遇木一座，破浪跃舟，珍袭载归”等语，妄诞不经，概行删去，并无他意。各等供。如果周鹤翎有意闪军谱，删世系，何不并国宝而删之，以灭其迹耶？国宝存而他世削，又不得以漏军诬矣。且查讯断漏军之案，例应以军册为凭。军册既无周鹤翎祖名，周鹤翎即不能断承造运。如谓军册系属漏造，自应饬周兆璜等呈明漏自何年，何人遗漏，从此根究，乃可别真赝而成信谳也。今周兆璜等犹复执迷未悟，抗不具遵，谓非意在诈财，其谁信之。除禀明府宪提讯详究外，合将判断缘由悬牌晓谕。特示。

## 宜春县知县徐谨禀

大老爷钧座：案奉宪台委审万载县生员周鹤翎上控生员周

兆璜等飘扯碑谱，诬扳图诈一案，饬即确证妥议，解候亲讯。等因。伏查此案先经万载县审讯，业经讯明周鹤翎是民非军，断案内考据史鉴，逐层驳饬，而周兆璜等仍未输服，以致互控。粮学二宪奉委前因，遵即提集原被逐加查询。周兆璜仍未能指出漏军确据，惟称该生家谱一二世祖公七、仲二，与周鹤翎谱载行列相同。凤真阁碑记有“周姓粮运入燕”语句，与周鹤翎谱载国宝洪武二年粮运入燕符合，即可作漏军证佐。等语。查核两造宗谱，公七、仲二排行虽同，而祖名妻氏葬所各别。洪武二年并未都燕，焉能以粮运入燕即指为军运。周兆璜等又称周鹤翎所修新谱截去公七、仲二、惟文三世，而以国宝为始祖，皆由闪避军家如此修改。质之周鹤翎等，则称老谱一、二、三世年分久远，既无事迹可考，又无葬所可稽，是以族中公议以国宝为始祖。等语。查周鹤翎如果有意闪军，则谱内国宝有“粮运入燕”之句自应并国宝而删之，今国宝存而他世削，亦非漏军可知。且审断漏军，例应以军册为定。军册既无周鹤翎祖名，周鹤翎即不能断承造运。如谓军册漏造，究竟漏自何年，何人遗漏，周兆璜等又不能一一指出，似未便捕风捉影，任其妄指，应请仍照万载县原断，以昭平允。奉委前因，合将讯断缘由具禀。宪台俯赐亲讯，实为恩便。并请金安。伏惟慈鉴。谨禀。

府宪隆批：据禀已悉。仰候即提现在人证亲讯具详。此缴册卷宗谱存。

## 袁州府申详学宪文(隆公名泰)

为禀明事。嘉庆二十年十一月初十日，奉前学宪王批发万载县生员周鹤翎等具控前事，词称刁军乱籍，冒民考捐，借端诬扳滋事。云云。上告。奉批：仰袁州府饬县迅即公确查抄，案并发。等因。奉此，合就转饬。为此牌仰该县即便遵照檄词事理，迅即拘齐案内人证。遵即确查周兆璜、周锦璠等是否军籍冒民考捐，借端诬扳。刻日秉公查明，具文详府，以凭核转，毋稍迟延，速速。又，是年十二月二十一日，奉前护理粮宪狄批发万载县生员周鹤翎等具控前事，词称切军民以册籍为定，同姓以谱牒为凭。云云。上告。奉批：案关辨别军民虚实，均应严究。该县即经查讯，何以延搁不结。袁州府即吊齐册籍各据，亲提人卷，确核研审，拟议详夺，毋任延累。抄案附发。又于嘉庆二十一年正月初三日，奉前护理粮宪狄札发周兆璜等呈词二纸，一纸内开：切军以编审为定。云云。上告。奉批：姑候将该丁等原词檄发该府，吊齐县卷，核对确审，抄粘附。又一纸内开：为禀明事，职祖自宋居万田下，历隶西都二图周兴民籍，并非屯军。云云。上告。奉批：已据周鹤翎等具呈批府提讯矣。抄案碑摹附。又碑摹内开凤真阁田记。云云。各等因。奉此，随查此案前据两造以前情控府，饬审奉檄前因，当饬该县查明。去后，嗣据该县查讯，周鹤翎是民非军，与周兆璜等并不同宗，而周兆璜指控各情，考稽谱册志籍等项，均皆矛盾。等语。连人卷议详到府。恐案情未确，檄委宜春县再行确详，复查各据，亦与万载县详无异。惟周兆璜等偏执己见，哓哓不服，令其指出周鹤翎等军籍究竟漏自何年，脱自何人，又无可指实。禀请仍照万载县断，毋许周兆璜妄扳指控。等词。又经府饬提卷谱志籍等项到府。查据周兆璜等控周鹤翎等一、二世祖公七、仲二与伊一、二世祖相同一层，细查周兆璜等宗谱内载一世祖名星，号拱我，行公七，葬高车美女扶栏形，配龙氏。二世祖名建鼎，号开候，行仲二，葬竹渡上坟山，配张氏。又查周鹤翎老谱内载一世祖公七，名璇，字玉衡，葬暑往，配张氏。二世祖仲二，字挺立，葬暑往，配朱氏。等语。是周鹤翎等之一、二世祖与周兆璜等之一、二世祖名号葬处既不相同，妻室姓氏又皆互异，谱内排行偶然相符，自难牵合同宗。又据控周鹤翎新谱内删除始祖三代，以四世周国宝为始祖，闪军显见一层。查周兆璜谱内一世名星，生子一即二世建鼎，建鼎生子一即三世心远，心远生子三，长巨川，次大川，三东川，是周兆璜谱内四世同列，并无国宝其人。查周鹤翎嘉庆三年新谱，以老谱内四世国宝为始祖，其因何删除远祖，固应查讯，然国宝实非周兆璜之祖派流传，而国宝之祖又非军籍，其删除远祖不载新谱亦不得指为闪军之据。又据周鹤翎老谱载有国宝“运粮入燕”语句，与凤真阁碑记及其家传相符。查周国宝家传并老谱内载“洪武己酉侯举约正，运粮入燕”字样。查周鹤翎新老谱内又载周国宝卒于洪武己巳，惟考之《明史》《资治通鉴》各书，前明洪武元年以应天为南京，开封为北京，五年立粮长，至永乐元年改北平为顺天府，置北京海运，九年浚会通河，十三年开清江浦，通北京漕运，十九年迁都北京。等语。是洪武年间尚未都燕，有何运燕粮饷。又洪武二年己酉，周国宝于是年经举约正，亦在洪武五年立粮长之先，其举约正之说亦未确切。复查该县编审册，亦无周鹤翎先人户丁名目。等情。除未到周秉懿、周延龄及牵控各名患病外出，县称骤难传解外，即提两造集讯问据，生员周兆璜，职员周锦璠、垂绪等同供，职员们始祖行公七，自前宋来万载，在西都二图八甲民籍，里递名周兴，考捐民籍。到前明年间入卫承差，户名周文章，历来合族公充。后来族属星散，职员们本支祖上编入卫册，其余族属传闻多有脱漏，时常留心稽查，看见近地凤真阁庙内碑文刊有“周姓粮运入燕”字样，周鹤翎们每年神寿总去祭祀，职员就疑他祖上也曾运粮，恐是同族。又查周鹤翎家老谱一、二世祖公仲、七二都与职员们一、二世祖排行相同，并他四世国宝载有“洪武己酉举约正，粮运入燕”语句，又谱内有国宝公传，与凤真阁庙内碑文相合，又周鹤翎新谱删去一、二、三世祖，将国宝为始祖，并删除粮运字样，可见他是闪漏军籍，就到县首告的。后本县吊查宗谱军籍等项，断周鹤翎是民非军，与职员们并不同宗，职员们不服上控，此外并没另有切实凭据。今蒙提讯，只求公断就是。再，职员考捐民籍，因祖上是入卫当差，并非屯军的缘故，也没冀图闪脱的事。周秉懿、延龄并没捺蔽，是混告的。又据生员周鹤翎、治睿、治康同供：生员们祖上向是民籍，与周兆璜们同姓不宗，生员们老谱内一、二世祖排行公七、仲二，与周兆璜们一、二世祖相同名号，葬处妻室姓氏都是各别的。生员们新谱把四世祖国宝作为始祖，因祠内牌位向供国宝为第一世，所以嘉庆三年重修宗谱，公议删改，并没别故。至国宝公名下载“洪武己酉粮运入燕”字样，都是远年无稽的事，所以删除，若要闪避军籍始行删改，何不并国宝公一齐删去，老谱一并销毁。况且洪武己酉年并未建都燕地，那有粮运赴燕，或是四世祖那时贩运粮食买卖也未可定。如今事隔数百年，无从查考，周兆璜们借一二世祖派行相同，就扳生员同族，若生员们祖上实是军籍，每逢本县编查军丁甚严，生员们族内人丁众多，那能脱漏到数百年，岂无别人首告。至凤真阁庙碑，乾隆四十四年、嘉庆六年屡次重刊，在庙众目皆知，何待周兆璜此时查出求详情。再，县役周通、周彩并没把持，这是生员们被周兆璜们翻告拖累，疑心牵控的。又，周兆璜们里递填民籍考捐，并求察究。各等供。据此，该袁州府知府隆审：看得万载县生员周鹤翎等上控周兆璜妄扳为军一案，缘周鹤翎等与周兆璜等军民各籍，同姓不宗，周兆璜等祖居万邑，前明年间即入卫承运，户名周文章，编入卫册，因传闻伊祖上支派尚有脱漏，随时留心稽查，嗣见凤真阁庙内香田碑文刊有周姓粮运语句，且每年神寿周鹤翎赴庙祭祀，心疑鹤翎等远祖亦曾运粮，恐系同族。随查鹤翎等老宗谱内一、二世祖与伊公七、仲二排行相同，并周鹤翎等四世祖国宝名下载有“洪武己酉举约正，粮运入燕”语句，并有国宝公宗传，均与碑文相符。又周鹤翎等另有新谱，以国宝公为始祖，并删除粮运字样，随疑为伊漏军之原委也。迨该县查讯周鹤翎等实系民籍，与周兆璜并不同宗，稽考谱籍志册等项，均属不符，饬令周兆璜等毋许妄扳诬指。周兆璜等心未输服，即赴本府并粮道宪台衙门翻控，周鹤翎等亦即控府，又先后控粮道宪台，复控前宪学台。奉批前因，行据该县连人带卷详议到府，复委宜春县审讯，亦与万邑原讯无异。周兆璜等仍未输服，禀经本府，提讯各据，讯悉前情。查周鹤翎等一、二世祖虽与周兆璜等一、二世祖排行相同，然其名号妻室姓氏均皆互异，其为各人各祖无疑。至周鹤翎等新谱改四世祖国宝公为始祖，及因何删除一、二、三世，讯据周鹤翎等咸称该祠牌位向供国宝为第一世，是以嘉庆三年修谱公议一律更正，若系闪避军籍删改，何难销毁老谱并国宝而删之。据供亦属可信。至洪武己酉其时并未建都燕地，所载国宝粮运之事，或碑或传均系无知之辈摭拾成文，原属诞漫无实，今考摭史鉴，参以志乘，均系必无之事。周鹤翎之祖实非运军，业已确凿。府复查：辨别军民应凭历年编册为准，江省军丁历届四年一次编审，周鹤翎族内户口繁多，如实非民籍，亦何以致百余年官不根查，丁无指控，久任脱漏，万无是理。是鹤翎等其为是民非军，更无疑义。兹周兆璜等将同姓不宗之民借混首共祖漏军，本有不合。姑念事尚有因，并非凭空扳害邀请，从宽免议。其混填民籍考捐之处，讯系误会先世并非屯军所致，现俱承运当差，与诈民脱漏闪避者不同，亦请从宽免议，勒令呈明改正。县役周彩、周通并无把持，周鹤翎自认因疑牵控，均毋庸议。未到人证并免提质，所有府亲提查讯缘由，理合具文，详请察核示遵。除详学宪外，为此备由具申，伏乞照详施行。须至申者。嘉庆二十二年四月初六日申。

学宪批：如详。饬遵仍报明抚部院核缴。原词存。

抚宪批：据详已悉。仰督粮道转饬知照。

粮道批：查辨别军民必须毋枉毋纵。此案前据周兆璜等所呈碑摹，内载周姓“粮运入燕”等语，核与现详周鹤翎家老谱四世名国宝载有“洪武己酉举约正，粮运入燕”字样，又有国宝公传与碑文相合等供。维时虽未都燕地，然碑谱何以相符，其中自必有故，岂可以远年无稽之事，诞漫无实，即不复根查，殊难折服周兆璜之心。且嘉庆三年周鹤翎新谱将一、二世祖与周兆璜一、二世祖公七、仲二排行相同者概行删去，改四世祖国宝为第一世，并删除粮运等字。夫以历传之宗谱，一旦遽行更改，反滋疑窦，其新老各谱又不一并附送，无凭核结，即速再行根查确讯，检齐各谱，毋任隐漏为妥，并候学宪批示。此覆。原词存。

## 袁州府为乞提究结事

嘉庆二十二年五月初一日奉前宪台王批府审详万载县生员周鹤翎等具控周兆璜等妄扳为军一案，奉批：查辨军民必须毋枉毋纵。云云。又奉学宪顾批：如详。饬遵仍报明抚部院查核缴。原词存。各等因。奉此，随经府录详抚宪批：据详已悉，仰督粮道转饬知照。檄府俸满卸事移交前署府谭亟集证核讯，未及具详，卸事，府回任，接准移称，查此案原看内开，缘周鹤翎等与周兆璜等军民各籍，同姓不宗。云云。饬令周兆璜等毋许妄扳诬指，周兆璜等心未输服，即赴府并前宪衙门翻控，周鹤翎等亦即控府，又先后上控前宪，复控学宪。奉批前因，行据该连人卷议详到府，复委宜春县审讯，亦与万邑原讯无异。周兆璜等仍未输服，禀经府提讯各据，讯悉前情。云云。府伏查辨别军民应凭历年编册为准，江省军丁历届四年一次编审，周鹤翎族内户口繁多，如实非民籍，亦何致数百余年官不根查，丁无指控，久任脱漏，万无是理，是鹤翎等其为民非军更无疑义。兹周兆璜将同姓不宗之民籍混首共祖，本有不合，姑念事尚有因，并非凭空扳害邀请，从宽免议。其混填民籍考捐之处，讯系误会先世并非屯军所致，现俱承运当差，与诈民闪避脱漏者不同，亦请宽免置议，勒令呈明改正。县役周通、周彩并无把持，周鹤翎自认因疑牵控，均毋庸议。未到人证并免提质。等因。在卷。嗣准移奉覆讯，随提人证查讯。据生员周鹤翎、周治睿、周治康供称，生员们祖上实在是民非军。云云。并无别故等供。质之周兆璜等亦自认怀疑控告，实不能供指周鹤翎等同宗漏军确据，其为周兆璜事出怀，周鹤翎实系民籍，彼此同姓各宗，似无疑义。敝署府现值卸篆，未及具详，合移交详覆。等因。准此。府覆核无异，理合检同新老各谱具文详送，宪台俯赐核示饬遵，为此备由具申，伏乞照详施行。须至册者。

粮宪福批：查此案既经府讯明，周鹤翎等实系是民非军，即如详，饬遵完案可也。此覆。

# 大屋内外

地处蜀江上游的周家大屋，是一栋由五个商人兄弟联合建造的多开间民居，迄今已有二百余年历史。类似的大型民居建筑，在过去并不罕见。20 世纪 80 年代，建筑学者调研江西全省的传统民居，对十余栋多开间平面格局的民居进行了测绘，七开间的民居除了万载县的周家大屋外，还有铜鼓县港下村大夫第，而宜丰县天宝村郎官第、上屋村土谷屋这两栋民居，平面格局达到了九开间的规模。近年来的研究揭示出，商人是这类大宅的主要建造者。黎川县洲湖村有栋规模宏大的老宅，因外形宛如船头向北的航船而被称为“船屋”，并被附会为天地会秘密据点，但学者研究族谱等文献后发现，这并非什么天地会秘密据点，而是当地黄氏家族的一栋住宅。① 我们可以从大屋以及大屋内外人群的过往活动中，探究地域社会的发展脉络。

## 一、周家大屋与宗族社会

在分析长江流域以及华南的传统民居与村落时，发达完善的宗族组织通常被认为是影响其形态的因素之一。周家大屋是一栋兄弟五人合建聚居的住宅，正与“聚族而居”的理念相契合，其受宗族社会的影响不言而喻。如果我们将五兄弟及其后

① 王媛：《洲湖古民居、黄氏家族与太平军壁画——兼论乡土建筑研究方法》，《清华大学学报》(哲学社会科学版) 2013 年第 5 期。

代致力于宗族建设的活动放在田下周氏宗族的发展历程中进行考察，就会发现大屋与宗族社会之间的影响不是单向的，大屋本身便构成了宗族发展的一个历史形态。

综合1937年、1993年两个版本的族谱，特别是以历次编修族谱过程中的主导力量，我们大致可以将传统时期田下周氏宗族的发展历程划分为四个阶段：清以前、清前期、清中期、晚清民国时期。

## （一）清以前的田下周氏宗族

田下周氏修族谱、建祠堂，始于清代的雍正、乾隆年间。这也就意味着，以万载县城西隅一图一甲周文为户名的田下周氏，在清代以前尚未建构起一套完善的宗族组织结构。

田下周氏认为自己是南宋名儒周敦颐的后代，能够追溯到的“迁万（载）始祖”，是周必大的孙子周璇，而有坟碑可考的祖先，则是元末明初的周国宝。民国族谱中的《周氏宗源考》记载：

> 敦颐号濂溪者，知南康军，筑室于庐山之下，后徙居庐陵。传至必大公，南宋名相，号平园叟，谥文忠。生子二，长曰正，次曰拱，徙居湘潭。拱公生璇，由湘迁万，万载田下之有周氏，固璇公为之鼻祖也。及二世挺立公、三世惟文公，均无坟碑可考。四世国宝公，洪武己酉年，邑侯赵举约正，以正教邑人，邑人士无不雅重，为端人正士焉。殁葬城西署往冲之蟹形。①

笔者根据民国时期的文献发现万载早期的姓氏，大多是两宋时期迁入的。伴随着中央政权对地方的经营治理，万载县城成为早期移民聚居之地，如辛、郭、张、王、刘、陈、汪等姓氏人群，就是两宋时期迁入并发展成为明清时期万载县城的世家大族。虽然他们都将祖先追溯到宋代，但实际上有据可考的祖先大多生活于元代。这一方面反映出万载在元代时的进一步发展，另一方面也体现了元末的社会动荡对于地方社会历史进

① 《周氏宗源考》，载《万载田下周氏族谱》第1册。

程的重要影响。

在元末红巾军纷起之时，天完政权的欧普祥于至正十二年(1352)率部攻占了袁州路，占领万载的则是其部下刘仁。至正二十年(1360)，他们归顺了朱元璋。这段时期万载的地方秩序经历了大动荡，黄茅南岭汤明远父子的经历就颇具代表性。

黄茅南岭汤氏祠堂大门

汤氏的祖先是在南宋乾道二年(1166)迁入万载西部南岭居住的。元末时，汤明远与堂兄明渊均业儒，且已经取得功名，举明经秀才。由于时局动荡，“诸乡土豪各聚众立寨栅以保守”，其中“有潘某者既立寨，使人诱明渊与会议。渊见其首事者不叶物情，且以己兄弟俱庠生，不欲处其下，于宴会间拒绝之。暮归，至道中为所害。

黄茅南岭汤氏祠堂寝堂

而远亦忧愤以卒”。明远有一个儿子，乳名天保，“年甫垂髫，驱掠于兵，有李总兵者，隶黄彬部下，天保为所得”。欧普祥、黄彬归顺朱元璋后，“祥仍守袁州，李某及彬从大将军徐达调遣征进”。赏识天保的李某没有子嗣，“因以子视天保，而妻以其女。……天下既定，洪武四年大封功臣，授黄彬宜春侯。李某从彬复至袁州，彬归朝，李某留袁。天保告李某欲居乡井省坟墓，李某曰：‘吾老矣，女则从夫者也，吾岂违汝所请乎？’因遗以财帛畜产，使治装。未几，李某没，天保携室以归，更名用和”。①

黄茅南岭汤氏祠堂碑刻

元末被害的汤明渊，“传一世而未详”②；而汤用和则成为实际上的中兴祖。这与田下周氏改奉四世祖周国宝为始祖的模式类似，充分体现了元末军事割据对地方社会的影响。这些成为后来宗族建构起点的祖先，不仅要经受住元末兵燹的考验，而且也需要与新建立的明政府保持良好的关系。汤用和参加了

①② 汤明远父子的故事，见万历十二年(1584)李宪资所撰《南岭汤氏族谱源流序》，载《江西万载中山堂汤氏家史》第3集，1993年。

黄茅南岭汤氏祠堂庭院

黄茅南岭汤氏祠堂内的古桂花树标牌

明太祖统一全国的战争，周国宝则积极配合官府对地方的治理。据族谱记载，周国宝在元末虽潜心经史，却屡试不第，因此不复以功名为念。由于好善乐施，他在洪武二年(1369)就被万载知县赵中“举为约正”，“树仪型于一邑一乡，而乡邑之人咸信而矜式之"，协助官府教化乡里。①

明代田下周氏族人中有据可考的，还有周仲信、周文标、周多才、周行等人。

周仲信与周文标都是因为乐善好施而受到褒奖。康熙《万载县志》记载："周仲信，西隅人，景泰四年输谷一千二百石助赈，闻于朝，颜其闾曰'旌表义民周仲信之门'。"②周文标的事迹未能载入方志，据易可从隆庆五年所撰墓志铭可知，文标曾先后两次捐助县城的学宫与社仓修建，"义城刘侯召葺黉宫，翁跃然倡先，乃有翊饰圣宫之奖。西川胡侯建立社仓，翁慨然出粟，遂有特加冠带之旌"③。

周多才与周行是父子，他们与周德忠、周德昌都是因为有贡生的功名而被载入县志的。④

综合以上的信息，可以大致梳理出清代以前田下周氏的简单情况。在经历了元明之际的朝代更迭之后，田下周氏在万载县城站稳了脚跟，立籍西隅一都一图一甲，户名周文。在明代，田下周氏的科举事业并不兴盛，只是到了明末的崇祯年间才有了几个贡生。经济实力应该是田下周氏更令人印象深刻的方面。周仲信捐谷一千二百石，被官府旌表为义民，并特意在田下的住宅门前安放了狮石、营鼓，其房屋基址直到万历三十三年(1605)才被各房分管。周文标能够先后响应两任知县的倡议，捐助学宫与社仓，就是建立在他与父亲周访两代经商积累的经济基础之上。还有一点需要特别注意，这些有据可考的周氏族人，除了周多才父子因为读书应试的需要而寄居袁州府之外，其余几人都是生活在万载县城。随着人口的繁衍，田下周氏已经有了从县城迁徙别居的族人，他们的影响力到清代会逐渐显现

① 《始祖允斋公传》，载 1937 年《万载田下周氏族》第 13 册。
② 康熙《万载县志》卷一一《人物》。
③ 《周月塘文翁墓志铭》，载 1937 年《万载田下周氏族谱》第 13 册。
④ 1937 年《万载田下周氏族谱》记载了周民欢也是贡生，但在方志中没有找到相应记载。

出来。

## （二）清前期的田下周氏宗族

田下周氏的宗族建构，是在清雍正、乾隆年间开始的。道光八年（1828），周治康回顾田下周氏大祠创建经过时，所追记"屡遭兵燹，庐舍邱墟，基址空存，即子孙类多迁徙他处，不能相聚，欲复先祖故地以建祠宇而不可得"①之情形，颇可管窥清初的时代与社会背景。

当田下周氏试图对宗族进行整合时，面临的状况之一，就是很多族人已经迁徙他处，"棋布于城隅、黄茅、高城、株潭、后塘、田心、宜邑各等处"②。族人的迁徙，在明代末年就已经开始，周国宝的第十世孙周德馨由城南迁居黄茅，前文提及的周多才父子则迁居袁州府，都是主动外迁。而朝代鼎革时期的天灾人祸，则迫使原本在城中的族人不得不避乱乡间。崇祯十五年（1642），麻棚邱仰寰结寨天井窝，追随者万余人，屡破县城。康熙十三年（1674），宜春、萍乡、万载、新昌四县的移民响应吴三桂，也曾多次攻陷万载县城。人祸之外，更兼天灾，影响较大的有两次：一次发生在顺治四年（1647），这年春天的大水导致长达六个多月的灾荒，饿殍枕藉，谷涨至每石银八九两，米每斗银一两八九钱。另一次发生在康熙十七年（1678），这年春天，大雨连月不停，导致大饥。遵循着"小乱避城，大乱避乡"的传统处世原则，清初万载县城内的居民纷纷外迁。比如，鉴于"顺治初年，三楚兵变，浏阳城陷，寇及吾邑，流离困苦"，原本居住于万载县城北门的巢氏在清初迁徙到万载西北部山区的乡村。③ 明代曾先后捐助过学宫、社仓的周文标住在万载县衙附近南浦绿阴塘之畔，他的后人周嗣望（字广生）

① 《祠堂记》，载1937年《万载田下周氏族谱》第1册。

② 《始祖允斋公传》，载1937年《万载田下周氏族谱》第13册。

③ 《县北仁寿坊巢氏迁徙定籍缘由考》，载光绪三年（1877）《万载北门巢氏族谱》卷首。

“幼岁失怙，时次弟瑞生甫十一岁，季弟珮生止三岁，公与寡母陈寂寞孤苦。甲寅寇变，寄居南窑”①。而即便已经在乡下居住的族人，遇到天灾人祸，也不得不面临人口逃亡带来的逋税重负。如居住在黄茅的周爰试，“甲寅寇变，田业荒芜，逋粮者十有八九。兄弟四人，公独以一身承其乏，不辞劳瘁，亦绝不居功”②。

随着时局的稳定，无论是流落在外，还是已经定居乡村的民众，又开始寻求重返县城的机会。因战乱寄居南窑的周嗣望、周嗣元兄弟，很快就重返县城居住。周嗣元，字瑞生，“年甫十一，因祖遗南窑庄田一所，公与寡母随田住居，偕长兄广生竭力耕田，供为子职，俾弱弟与寡母得俯仰无忧焉。后因化居懋迁而利称三倍，复作室于城南田下，以承祖业”③。从家谱记载可知，周嗣元重返县城，当在康熙五十一年(1712)其母亲陈氏去世前。

重返县城的周氏族人，面对着子孙散布于城乡的状况，开始进行宗族建设，首先就是集资建祠堂。明代被官府旌表为义士的周仲信旧宅既坐落在田下，又可彰显宗族的历史渊源，因此成为祠堂基址的首选。当时还有一个棘手的问题：义士周仲信虽然被载入志乘，但周仲信本人的生卒年月一直无法考证，其后代也大多迁徙他处，无可稽考。几番寻访后，大家终于在宜春金瑞找到周仲信的后人。经过一番努力，田下周氏合族购买了周仲信旧宅的部分地皮，作为祠堂基址。乾隆二十四年(1759)，田下周氏大祠开始动工。建造过程中，县城与黄茅的两支族人出力最多。随父寄居南窑，后重返田下的周继盛捐银一百两，黄茅的周爰让、周爰试各捐银五十两。周氏大祠建成后，成为万载县城田下地区继郭氏重修大祠后建造的第二座宗

---

① 《广生公传》，载 1937 年《万载田下周氏族谱》第 13 册。
② 《以功公暨江孺人合传》，载 1937 年《万载田下周氏族谱》第 13 册。
③ 《瑞生公暨闻氏刘氏孺人传》，载 1937 年《万载田下周氏族谱》第 13 册。

族祠堂。而据一份乾隆二十九年(1764)的万载知县公文统计，当时全县一共有三十六座祠堂，在城里的只有十六座，田下周氏大祠就是其中之一。

万载县城田下周氏大祠外墙立面

筹备建造祠堂的同时，田下周氏一些住在县城的读书人也在尝试着编修族谱。周继才是周嗣望的长子，“十岁即能文章，十八岁拔贡取县庠，岁科两试累列超等，邑侯许松佶赠其匾曰‘圣世端士’。雍正己酉，念谱牒之残缺，爰邀族众以草创之，因公财不敷，未获剞劂。又不幸以三十有五而卒，有志未逮焉”①。这次草创未成之举，被视为田下周氏的第一次编修族谱活动。乾隆十一年(1746)，继才之弟继盛协助其叔祖，与随父由黄茅北江迁居邑南宋家坊的周光大一起，编纂完成了《万载田下周氏族谱》。此次修谱还有另一个有利因素，就是田下周氏与地方官员之间建立的良好关系。曾任万载知县的严在昌写过一段他与田下周氏族人之间的故事：“今年(乾隆十一年)春，自京师归，檄调武宁。棹舟之初，知周生定昌通儒业，志美而

① 《寿山公传》，载1937年《万载田下周氏族谱》第13册。

行修，更精岐伯、巫咸术，爰征偕行。抵署后，共数晨夕，相得极欢。”①

随着时局的稳定以及越来越多的子弟到县城业儒求学，田下周氏与官员、地方士绅之间的交往也日益密切。田下周氏族谱中收录了曾任万载县教谕的鲁鸿的三篇祝寿诗文，其中两篇分别是给周继盛六十寿诞、周继才妻闻氏八十寿诞的贺文，还有一篇是给住在黄茅的周志垣妻子潘氏八十寿诞的贺诗。鲁鸿给周继盛写贺文，缘于继盛管理学田时的优异表现。而鲁鸿为两名八十高寿的孺人写贺寿诗文，则是因为继才的三个儿子冕、璜、镐，以及志垣的两个孙子金璞、金华都是鲁鸿的门生。黄茅周志垣的孙辈中，还有与乾隆四十八年(1783)进士陈池凤交往密切者，如金珑二十四岁补博士弟子员后，与陈池凤一起就学于白鹿洞书院，两人十分要好；金彩则受业于陈池凤。乾隆四十九年(1784)，周志垣的次子周继德得到以陈池凤为首的合邑士绅举荐，成功地被官府旌表为义门，正是得益于这种与地方文人、官员之间良好的关系。

黄茅周继德家被旌表为义门，无疑是令田下周氏深感荣耀的一件事。乾隆五十五年(1790)，田下周氏继续完善县城大祠的规制，建立了寝堂。乾隆六十年(1795)，合族又复捐建门楼。嘉庆三年(1798)，田下周氏续修了族谱，主持者两人：一为鲁鸿的学生、黄茅义门的周金华；一为周鹤翎，他的祖父周继盛主持纂修了乾隆时期的族谱。嘉庆三年(1798)的田下周氏族谱，正式奉元末明初有据可考的周国宝为始祖。

经历了明清鼎革之际的兵燹灾荒之后，田下周氏族人于康熙末年陆续返回县城，恢复祖业。此后百余年间，通过建祠堂、修族谱，田下周氏延续了明代义士周仲信的传统，又开创了六世同居义门周氏的新荣耀，使散布于县城、黄茅、高城等地的





---

① 《乾隆十一年丙寅重修族谱原序·原序一》，载1937年《万载田下周氏族谱》第13册。

族人联系变得紧密起来。这一时期的宗族发展，最为显著的特点就是以县城为认同与建构的中心，大祠建在县城，族谱的编修也是由住在县城的文化精英完成的。周继德一家作为义门而受到官府的旌奖，其备受嘉奖的一点是他们自从由县城迁居黄茅之后，非祭祖、醮墓、应试、完粮不入县城。

### （三）清中期的田下周氏宗族

田下周氏于嘉庆三年（1798）所修族谱，删去了无坟碑可考的周璇、周挺立、周惟文三代祖先，改奉四世祖周国宝为始祖。此番改易，令田下周氏宗族卷入了一场官司之中——同姓不同宗的鳌山周氏向衙门告状，声称田下周氏是逃漏的军户。

鳌山周氏立籍县城西隅二图八甲，户名周兴，最初也居住在县城田下，明末迁居到距离县城三十里的九都二图之鳌山。按照鳌山周氏族谱中的说法，明初万载县城甲户中一共有五个周姓甲户，他们原本都是一家，其中包括西隅一图一甲的周文。但是到了明永乐年间，五个甲户就已经分支别派、各自为族了：

我祖辟地西隅，所承里递有三。籍隶二图者乃八甲周兴也，籍隶一图者乃七甲周伏童也，籍隶四图者，乃十甲周吉也。嗣后三分为五，又有一图一甲周文、二图五甲周海之分。按八甲系巨川公子孙顶充，七甲系大川公子孙顶充，十甲系东川公子孙顶充。至于一甲，后为巨川公下良兴公子孙顶充，五甲后为巨川公下文兴、署兴二公子孙顶充。前人以其里递各殊，遂分彼此，不知里递虽殊，而本源则一。①

鳌山周氏追溯的“迁万（载）始祖”，是南宋时期的周星，他“因父纪善孝宗淳熙间为康乐令，卒于官”，“遂家居邑之城西田下”。元末大乱时，鳌山周氏四世祖巨川智勇双全，“里中少壮聚众立寨，推为义士，保护乡曲十余年”。② 据嘉庆时田下周

① 《籍贯记》，载1941年《万载田下周氏族谱》卷首。按，此谱为鳌山周氏所修族谱，因立籍县城田下，故仍自称田下周氏。

② 《家传》，载1941年《万载田下周氏族谱》卷末。

氏称，巨川系欧普祥部附名纳款降卒，根据“《明史·兵志》所载归附及诸降卒，‘其军皆世籍’”，因此鳌山“五世祖寿轻为编审册当军第一世祖”。而鳌山周氏则只是声称入明后，“入卫承差”，编入卫册，户名周文章。① 据族谱记载，周光焕“以漕务羁身，遍历江湖二十余年，时嘉靖己亥，与堂兄光尧粮运入燕，于金陵大江中有圣首破浪跃舟，珍袭载归，梦卜城西之竹林居，因昭祀焉，今之锦衣坊护国祠是也”②。万历二十三年(1595)的谱序中亦言，由于“漕务既尔靡宁，货财又恐不给”，重修族谱的计划未能实施。万历三十七年(1609)，鳌山周氏位于田下的祖堂毁于火灾，“祖址荒墟，业产消耗，遂无以联贯族属。厥后星散棋布，或徙居乡隅，或迁居他邑，居址不一”③。万历年间，族人周允达在鳌山购得产业，由县西移居此地。

在清代，鳌山周氏也一直承担着军户漕差。每逢编审之时，他们都将出运之丁造册。嘉庆年间，鳌山周氏族人留意到在县城的凤真阁内有一块碑文，上面记载了“周姓粮运入燕”等内容，碑上所列人名中有周姓四人，只有一人属于鳌山周氏，其余三人都是田下周氏，而且每到“神诞”之日，田下周氏的周鹤翎等人都赴庙祭祀，因此怀疑周鹤翎的祖先亦曾运粮，恐系同族。鳌山周氏族人查阅田下周氏的老谱，发现其所列一、二世祖先与鳌山周氏的一、二世排行相同，而且其四世祖周国宝名下载有“洪武己酉举约正，粮运入燕”语句，并有周国宝传记，均与凤真阁碑文相符；再查阅周鹤翎等人嘉庆三年新修族谱，上面以周国宝为始祖，并删除“周姓粮运入燕”字样。鉴于这些证据，鳌山周氏于嘉庆二十年(1815)向官府举报田下周氏“漏军躲差”之事。④

---

① 《鳌山军丁诬扳漏军案略》，载 1937 年《万载田下周氏族谱》第 14 册。

② 《家传》，载 1941 年《万载田下周氏族谱》卷末。

③ 《原序》，载 1941 年《万载田下周氏族谱》卷首。

④ 关于此次诉讼的史料，见《鳌山军丁诬扳漏军案略》，载 1937 年《万载田下周氏族谱》第 14 册。

在这场事关田下周氏宗族发展的诉讼中，株潭丁家桥建造大屋的五兄弟在组织筹划、提供资金与人力等方面，发挥了不可忽视的作用。作为被控告的五人中名列首位者，周家大屋五兄弟中的老二周淑德“谋虑素深，当此讼兴之会，体虽清癯善病，百计图维，焦心劳虑，思洪武都建业，其时并无燕运，此事必须从鉴史中考据精详，方不堕其彀中。于是命其弟淑芬与康，及其侄树棠等夙夜殚心，将《明史》及《资治通鉴》暨通志、府志、县志查考细核”，从中找到了应诉时所用的关键证据，“于是援据鉴史呈诉，案如泰山，而我族之心咸安，蠡军诬诈之心少息”。到了庭讯之日，周淑德的幼弟周淑彬“悯兄勤劳，代兄负荷，以兄体少健，雅不欲以兄与蠡山军丁对审”。整个诉讼过程中，“诉呈庭讯者，鹤翎、治睿与康也。催各丁钱、田钱、乐助者，能裕、绍富也”，而出费用者则是从黄茅迁居株潭并建造大屋的周淑德兄弟。①

周淑德在建造株潭丁家桥周家大屋的五兄弟中排行老二，因其有才德，田下周氏大祠合族尊其为族长，周淑德推让不就，但每年冬至祭祖均亲临祀典。因此，蠡山周氏在状纸中首列淑德之名。五兄弟中排行第四的周淑文，经理田下周氏的祠事十余载，“念祀费不敷，倡捐灯会以助祭费，祠头门位向未端，倡捐丁义会以资改正，酌增童试乡会试花红程仪，并捐助祠用祭器，一时祠事遂以盛兴”。淑德、淑文兄弟参与田下周氏宗族组织管理，均在大屋建成以前。②

因经商而家境日丰的周家大屋五兄弟，充分发挥了他们经济实力雄厚的优势，倡捐经费以修缮田下周氏大祠。由于他们对子弟教育的重视，周家大屋的第二代中先后有周树丰、周树华、周树蒲三人获得功名，周树华还参与了田下周氏族谱的编修工作。

①② 《蠡山军丁诬扳漏军案略》，载 1937 年《万载田下周氏族谱》第 14 册。

在田下周氏宗族的发展历程中，周家大屋的族人开始积极介入诸如修祠、修谱、应对其他宗族的诉讼等宗族活动是在清中期。与清前期宗族建设以住在县城的士绅为主导力量不同，此一时期则以住在乡下的商人及其子弟为主导力量。这一趋势的改易还有着其他表现，例如宗族建设已经不再局限在县城，既有在袁州府城合建新试馆之事，也有在黄茅创建存迹祠、南公祠之事。无怪乎道光《万载县志》的编修者发现“各族建大祠，近日支祠愈多”①。

## （四）晚清民国时期的田下周氏宗族

历经岁月沧桑的田下周氏大祠，其主体建筑仍然矗立在万载县城龙河西岸的田下地区。祠堂外墙上刻着“道光辛丑周文祠立”等字样的铭文还清晰可见。乾隆二十四年（1759）族人庀材兴工，修建祠宇，但尚嫌简陋。乾隆五十五年（1790）建造寝堂，五年后建造门楼与义门牌坊，嘉庆十年（1805）又将门楼的方向进行了调整，进一步完善了田下周氏大祠的结构，扩大了其规模。但祠堂地势低洼，易遭水灾。因此，道光、咸丰年间，田下周氏宗族对大祠进行了改建。周家大屋的周淑芬任族长时，捐钱重新改建了寝堂。咸丰五年（1855），周淑芬的侄子周树蒲与族人一起重新改建了田下周氏大祠。此后，除了在光绪二十三年（1897）开捐添造了围墙，田下周氏大祠没有再进行大规模改建扩建。

建于县城的田下周氏大祠，其功能主要在于岁时祭祀。族谱中所列家规第一条规定：“祠堂之设，上妥先灵，下集子孙，孝思于此乎展，礼教于此乎兴，理宜肃静。除岁时祭享外，每岁雇守祠一人，令朝夕祀奉香灯，兼洒扫整洁，免致堂室沔杂。即如肄业，止许本姓子弟，亦不可毁伤。外姓一概不允。若有不肖潜入赌博，勾引安歇，或贪图小利，发外人囤积货物，罪

① 道光《万载县志》卷一一《风俗》。

在承年。”[1]除此之外，宗祠还承担着其他功能，如奖学、会课、以宗祠的名义添置祀产等。编修族谱时，因需要告祖入局，谱局通常就设在祠堂中。在宗族发展的初期，周氏因有一座建于县城的大祠，故而谱局也多设于此。随着支祠的修建，也有将谱局设于乡村者。道光八年(1828)，周家大屋的周树华受命将周治康创修未竣的族谱完稿，即设局于黄茅支祠。光绪二十三年(1897)田下周氏续修族谱，二月“爰兴是议”，“将世系查明，六月设局于黄茅支祠誊真”，“迄九月始至大祠告祖入局”。[2]

聚居黄茅的田下周氏族人，最初建造的一座支祠是存迹祠。这座祠是六世同居的义门家庭中益侯、以功二公子孙为无嗣的叔祖佑典公所建，祠于嘉庆九年(1804)动工，次年建成。[3] 道光十八年(1838)，黄茅的周氏族人在周陂市建造了南公祠，奉祀从县西迁居黄茅的祖先周德馨。[4] 光绪五年(1879)，周氏买下黄茅中街一处店房作为祠基，修建了文明公祠堂。文明公是周国宝第七世孙，嘉庆二十五年(1820)，黄茅、株潭的周氏族人就已经以文明公为房支祖，一起捐资修复了袁州府七眼井试馆。试馆竣工后，族人以剩余钱款成立新泉会，经营生息，日积月累，成为修建文明公祠堂的经济基础。[5]

道光朝以后，主持修撰田下周氏族谱的几乎都是黄茅周氏的族人，设谱局于黄茅支祠自然更便于族谱的编纂。支祠的相继修建，延续了田下周氏宗族的发展由城居主导转向乡居主导的趋势。宗族发展过程中体现出的城乡关系演变，一方面是市镇经济兴起的结果，南公祠与文明公祠堂都是修建在黄茅的街市上；另一方面，也与咸丰朝及其后的动荡时局，以及随之而起的乡村军事化有关。黄茅周汉章父子的故事就颇

① 《田下周氏家规》，载1937年《万载田下周氏族谱》第1册。
② 《光绪二十三年丁酉六修族谱原序》，载1993年《万载田下周氏族谱》。
③ 《存迹祠堂记》，载1993年《万载田下周氏族谱》。
④ 《绍南公暨宋孺人合传》，载1937年《万载田下周氏族谱》第13册。
⑤ 《文明公祠堂记》，载1993年《万载田下周氏族谱》。

具代表性。

族谱中记载周汉章的事迹如下：

幼聪颖，以童年失怙，佐伯父理家政，已知其有干事才。咸丰纪元，兵祸大亟，万载城屡陷。五年冬，永平李公吉言来知县事，仓卒困难，一日数惊，于除夕奔走铁山界，欲暂寄某乡民家，不纳，折回周陂桥市，夜迷蹶深，坑重裘湿，至杨某药铺易衣宿。君早闻知，立邀绅耆往谒，为谋可以久居与急需之款，俾得次第筹画，募勇请援，县城克复之兆，实基于此。君在诸绅中为最少，故不有其名。曩闻纵谈此事，犹勃勃有英气也。同治五年，某土匪欲乘机窃发，获其魁而歼之，中丞刘保以军功六品。光绪末年，浏阳乱作，谣言蜂起，镇以定静，桑梓不惊。①

周汉章在晚清的三次地方动乱中，表现出卓越的才识与能力。第一次是在咸丰五年（1855）太平军攻占万载期间。当年十月，太平军由安福、分宜方向攻入万载境内，外委胡大元带兵在周家市防守，兵溃，太平军遂攻占县城。十二月，湖南巡抚骆秉章派兵防守两省交界的铁山界，知县李吉言拟到铁山界求援，其间夜宿周陂桥市，得到周汉章等黄茅士绅的保护。此后，周汉章创办黄茅团防对抗太平军，并成功地在后来两次地方动乱时保障了黄茅一带的安宁。这一传统，也为其儿子周之干所传承，他在民国时期成功地供军需、办团防：

沈军奉调援赣，道出黄茅。沈本饥军，招待不易，县长特派公招待。坐办月余，军需充实，大军所过，秋毫无犯，以是人皆叹公之应付有方，调度得宜，而公虚怀若谷，毫无矜容。是年冬，蔡某率抢匪数百进犯黄茅，地方当局望风披靡，县长檄公创办团防。公益日夜策划，恒以保卫桑梓为职志，是黄茅

① 《周君子云家传》，载1937年《万载田下周氏族谱》第13册。

之幸得安全者，皆公之赐也。①

周汉章的祖父周治康，嘉庆时与蠡山周氏对簿公堂以捍卫宗族，道光时期又手定族谱世系传记，惜未完稿而病逝。他有两个儿子：长子周树楷是咸丰三年（1853）恩贡，同治四年（1865）协助周树华、周树蒲等编修族谱；次子周树赞则是道光二十三年（1843）的举人。周治康的堂弟周永清，则偕其子周廷玉先后三次纂修田下周氏族谱。

总体而言，田下周氏宗族的建构与发展，基本上是清雍正朝以后才开始的。从空间上分析，田下周氏宗族存在一个从以县城为中心，逐渐转向县城与乡村各自发展的演变趋势。如果以建祠堂、修族谱等活动为考察对象，宗族建设主导者的身份也随着时空的发展而有所更易：清前期的是住在县城的士绅，清中期是以周家大屋为代表的商人及其子弟，而在清末民国时期则是作为地方武装领导者的黄茅周氏。



## 二、周家大屋与地域社会

嘉庆二十年（1815）在丁家桥建成的周家大屋，不仅成为周氏兄弟联居的栖息之所，其上下五进格局的规制、庞大的体量也使其成为蜀江两岸众所周知的商人宅第。周家大屋的主人，一方面积极致力于建祠、修谱等宗族建设活动，另一方面也通过捐钱、捐粮等方式，参与地方公共事业，融入当地社会文化的发展进程。



### （一）社庙与乡贯

丁家桥据说是明洪武年间由丁氏修建的一座石桥，它是株潭境内蜀江上最早的一座石桥，也是周家大屋居民外出的主要通道。从周家大屋前往丁家桥，途经一个十字路口，道旁有一座社庙，庙内供奉着“白竹仰山神位”。社庙背后墙壁上刻有碑

---

① 《禹门公传状》，载1937年《万载田下周氏族谱》第13册。

村道旁的社庙

社庙外观

记，记载了捐款者名单及捐款数额，立碑时间在1999年3月21日。据统计，捐款者中张、周、龙、黄等姓人数较多，另有刘、邹、陈、郭等姓。周家大屋的周秀云老人收藏了一本名为《复建白竹仰山社庙》的册子，这本册子记载了更为详细的捐款与收支情况。据记载可知，参与复建社庙的是南陂等五个村民小组的居民，捐款者一共有七百四十人，仍然是张、周、龙、黄等几个姓人数比较多。

社庙内景

社庙捐款碑

周秀云老人告知，在过去，每年的农历七月十三、十四、十五三天，周围村庄的村民都要在社庙耍三天火龙，既是为了祭祀，也是为了消灭虫害。此外，村中老人故去，家人也都要来此报庙。另一名周家大屋的居民周德福则告知，这座社庙同时也是乡贯，在丧葬、祭祀等仪式中，要表明逝者的乡贯为“江西省万载县万载乡长安里下河坞堡白竹仰山祠下”。万载县立县之始有四乡，其一即万载乡。宋元时期万载县实行乡里制，明清时期改为乡都图甲制。明代洪武初年，因乡设区，区设粮长四人，全县包括城隅共有六区。三区为万载乡，统四都十四图，其中十一都二图三图，即为长安里，地理范围涵括马兰头、朱溪桥、后槎、槠树潭、上荻江、荻富、朱岚尖、乱石岭、杨江桥、长安桥等，即蜀江株潭段的南岸地区。至于下河坞堡，指的应该是长安里范围内紧邻蜀江的河岸地区。1928 年，株潭南市街案神庙举行十年一次的太平清醮仪式，香首执照中亦自报乡贯称“江西袁州万载县万载乡长安里下河坞堡”。

能够追溯到宋代的乡贯名称，表明了蜀江南岸的悠久开发历史，然而生活于此地的居民则随着时局而兴衰流转。根据目前已经收集到的族谱资料可知，各姓迁居此地的前后顺序依次为黄、张、龙、周。

1. 株潭黄氏

株潭黄氏的“迁万(载)始祖”可以追溯到南宋时期。在明嘉靖四十三年(1564)第一次修撰族谱时，主修者黄文秀、黄文魁兄弟提到其祖黄有成于南宋初年来到万载。乾隆二十三年(1758)株潭黄氏三修族谱时，对祖先源流进行了更为系统的梳理：

谨按我黄氏始自轩辕颛顼陆终之后，……而我家……所自出，则由唐保义公始。保义公居秀州崇德，官至节度使，生子荣，徙婺州之金华。荣公生子二，长洪，次浩，俱迁豫章洗马池。浩公生子二曰琛曰璞，莫知其究竟。洪公生子四，长珌公居金华南剑，三瑶公居杏花村，四珍公居广信弋阳，惟次瑕公分居丰城之沉江，至六世孙有成公讳造，于宋高宗建炎三年经寇扰乱徙寓康城，长子运开公迁居燕子窝，幼子运泰公独居康城。而开公之子芳公乃家邑西之濠田，而泰公之子美公仍住康城，迄今六百余年，源源不替，世世相承。兹居琉璃树下、槠树山及泰桥者，芳公之裔；居石塘及老庄下者，美公之裔。虽星罗棋布，散处不一，而即委溯源，要皆有成公之所出也。①

乾隆时期的梳理，不仅明确了始祖自丰城沇江迁徙来万载，而且将当时散布于株潭一带的三支黄氏进行了谱系上的整合。这三支黄氏各有自己的籍贯，立籍开户的时间也先后不一。居住于琉璃树下的黄氏，其籍贯为十都一图二甲，户名黄茂春是其三世祖的名字。乾隆时期的族谱记载，黄茂春，讳万芳，以字行，“为人嗜古能文，有大志，英标奇概，每溢于言语文字间，而未遂厥志”，“以为市肆嚣尘不足以励潜修，遂觅幽胜，托足乡隅，择邑西之濠田，创田园，构栋宇，为潜修之所”。②似乎这个甲户的历史可以追溯到南宋。但在民国族谱中新创的“祖像”卷中，被尊为琉璃树下房支祖的是明代嘉靖年间修谱的黄文秀。考虑到明代中后期是万载图甲体系形成过程中一个重要的时期，因此可以推论，黄氏在南宋时期迁居到蜀江上游沿岸的濠田，到了明嘉靖年间前后，才得以在十都一图二甲立籍落户。

与黄文秀一起修族谱的，还有他的弟弟黄文魁。在完成修谱工作后不久，文魁的子孙就迁徙到蜀江更上游的株山。据族谱记载，文魁的幼子黄以治，字光华，“立志远大，遍览名胜，访求奇区，盘桓山水，适见株市河背一山蜿蟺郁结，名曰株树山，江水潆回，岚峰挺峙，足以钟灵毓秀，乃购田园、建栋宇，爰居而爰处焉”③。而民国族谱的记载进一步明确了黄氏定居株山是在万历四年（1576）。定居株山后，经过两三代的努力，黄氏在株山立稳了脚跟，并且广置田园。黄光华的孙子黄绍三

---

① 《黄氏源流序》，载 1929 年《株潭黄氏族谱》卷二。

② 《万芳公传》，载 1929 年《株潭黄氏族谱》卷一五。

③ 《光华公传》，载 1929 年《株潭黄氏族谱》卷一五。

(1592—1643)，字对桥，“佐其父智善公襄理家政，恢廓先绪，田园因以日增，故今乡族中虽五尺童子，莫不知有所谓桥公者”①。

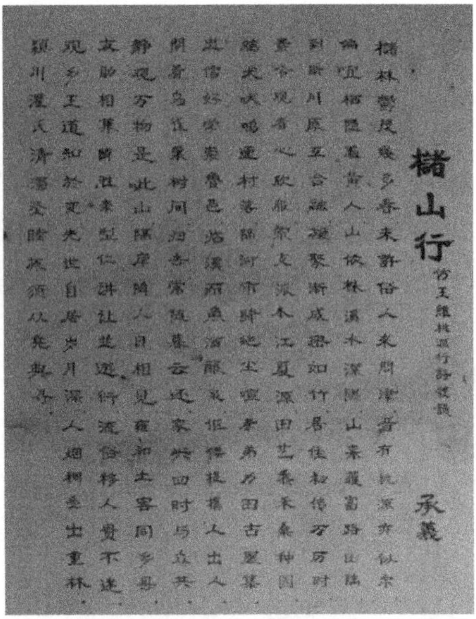

株潭黄氏祠堂内的题壁诗(1)

根据图甲册中的记载可知，株山黄氏所立户籍在十一都二图五甲，原本的户名是丁宗同，顺治间才改为黄何邱。族谱中的记载，则注明当时与何、邱二姓一起顶充这一甲户的黄氏代表是黄昭信。黄昭信是康熙四十六年(1707)续修株潭黄氏族谱的主持者之一。族谱中的传记记载，他幼时读书聪颖过人，但后来时运

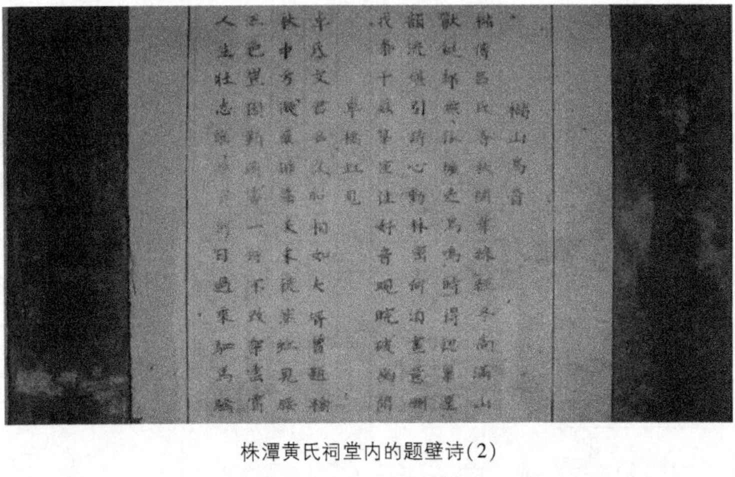
株潭黄氏祠堂内的题壁诗(2)

① 《对桥公暨德配郭孺人传》，载1929年《株潭黄氏族谱》卷一五。

不济，“乃离讲席，混迹畎亩”，“喜施予，凡桥路圮毁，四方挟策募化者，不惜倾囊乐助”，“又尝念家谱之重，与其弟昭廷公兢兢修明，以绍一线于既往”。① 由此我们可以梳理出，濠田黄氏的一支在明末迁徙到株山后，经受住了明末清初的时局动荡，也借此广置田园，并在清初顶充了以前的甲户，顺利地在此立籍落户。

株山黄氏与何、邱二姓一起顶充丁宗同甲户的方式，是明末清初时期万载乃至赣西一带比较常见的一种图甲立户方式。不少闽粤移民就是通过这种方式，得以在兵燹过后甲户逃亡的地区获得户籍。株潭黄氏第三支即居住在后槎老庄的这一支，也是以这种方式落籍十都四图五甲。族谱中收录了乾隆十四年(1749)后槎黄氏的顶充约，笔者转录于此：

立顶里递差约人彭安六、彭万仍、黄瑞兴、黄杰士，二姓等公议，自愿承顶里递充差有籍良民。今顶到三区十都四图五甲里递一名，当出备酒水银三两正，与图内起积生放公用，会集合图公议，禀明县主科房立册，更改里(户)名彭黄盛，自今承顶之后，每逢十年一转轮充。五甲现年里保大埠头役俱系彭、黄二姓均派充当，不干众递之事。及有图内绝递，乡书编审俱各照依均派充当，无得推诿。今立承顶约之后，永远公私存照。

见图人　李吉九　林汉承　李发桂　刘叶寿
　　　　邹定标　邹自明　邹福四　邹子达
　　　　邹日高　邹天赐　邹荣彩

乾隆十四年正月二十八日彭安六笔

此约彭、黄二姓书立，图内各甲同样存收为据。此系约稿，彭、黄后看。②

株潭黄氏分别在明嘉靖、清顺治以及乾隆年间，立籍于十都一图二甲、十一都二图五甲、十都四图五甲，每一次立籍之

---

① 《昭信公暨德配龙孺人传》，载1929年《株潭黄氏族谱》卷一五。
② 《文榜科房里递约》，载1929年《株潭黄氏族谱》卷一三。

后，黄氏宗族都有一次修谱的宗族整合活动，即明代嘉靖四十三年(1564)的黄文秀、黄文魁兄弟的第一次修谱活动，康熙四十六年(1707)的黄昭信、黄昭廷兄弟的第二次修谱活动，乾隆二十三年(1758)黄士永、黄士贵、黄士伟等人的第三次修谱活动。乾隆二十四年(1759)，株潭黄氏开始敛银生息，准备建造宗祠。一直到同治十三年(1874)，奉祀始祖黄有成的造公祠才建造完成。造公祠选址于"株镇南市槠山(即株山)之阴"①，也体现了清乾隆、嘉庆以后株潭黄氏发展重心向新兴的株潭南市街集中的趋势。

株潭黄氏祠堂

株潭是一座历史久远的市镇，在清及民国时期，逐渐形成了七条街(上街、中街、下街、南市街、后街、布仔上、横街)、十二条巷、五百余间店房的格局。主要的街道都集中在蜀江北岸，只有南市街位于蜀江南岸。南市街的形成，大致是在清乾隆、嘉庆年间，它伴随着蜀江南岸居民的商业活动的发展而日渐兴盛。株潭黄氏族谱中，也记载了不少自乾隆年间开始经商致富的族人传记内容。以立籍株山的黄昭信为例，其后人最早进行经商活动的是参与了乾隆二十三年(1758)修谱工作的黄士远。族谱中记载，黄士远"少年履境多艰，祖父遗业无几，

① 《株潭造公祠享册序》，载1929年《株潭黄氏族谱》卷一二。

株潭黄氏祠堂祖先牌位

公竭力经营，仿陶公致富程法，日昃鲜有暇逸，自是徐有赢余，创田园，毕婚嫁，家道于焉日兴”①。黄士远第三子黄名宪参与了修复株溪木桥的活动。道光《万载县志》载，万福桥“在邑西七十里槠树潭上街，原有木桥倾圮，乾隆四十九年募修石桥”②。黄氏族谱则写道：“时株溪木桥岁久倾圮，公

株潭黄氏祠堂内的《造公祠堂记》

（黄名宪）出力修举，复邀同人起立整桥会，故今往来行人皆称道之勿衰。”③这座万福桥，又名“上桥头桥”，连接着蜀江北岸

① 《士远公暨淑配龙孺人传》，载1929年《株潭黄氏族谱》卷一五。
② 道光《万载县志》卷六《水利》。
③ 《名宪公暨德配张孺人传》，载1929年《株潭黄氏族谱》卷一五。

的上街与蜀江南岸的南市街。乾隆四十九年(1784)，人们将木桥改易为石桥，为此后南市街的繁荣兴盛创造了良好的交通条件。黄名宪的长子黄显明，“辍耕仿陶，托贾株潭”①。黄显明的长子黄时雍，“积金累千，于株镇桥畔创田园、构栋宇”②。随着南市街的开发，黄氏子孙纷纷在株潭街市经商置业，嘉庆五年(1800)黄名宪从株山徙居株潭蜀江南岸，标志着株潭黄氏的发展重心转移到南市街。

临水而建的南市街

2. 移民张氏

明末清初的动乱时局，对株潭的历史发展影响深远。居民逃亡，田地荒芜，给移民的迁入提供了广阔空间：

万载经明季兵燹，炊烟寥寂，重以我朝康熙间，宜春山寇朱益吾受吴逆伪札煽乱，陷万载者再。涂毒之余，十室九空，而三区值适楚通途，屡遭蹂躏。往时系籍老户，其幸存而复归

① 《显明公暨德配汤孺人传》，载1929年《株潭黄氏族谱》卷一五。
② 《时雍公暨德配罗孺人传》，载1929年《株潭黄氏族谱》卷一五。

南市街街景

南市街的里门

南市街的商铺

故里者尠矣。事平，邑宰悯此邦凋敝，用广招徕，田赋无着者始渐次复额，间有徭役亦可按图派充。①

在这次移民潮中，来自广东程乡县的张文灿，先迁至赣州，后于康熙年间迁徙至万载株潭的丁家桥居住。② 到了张文灿的孙子张乃遂时，张氏在丁家桥逐渐繁衍壮大。族谱中的传记记载：

岳翁（乃遂）年十四，大岳母巫卒。逾八年，瓒公又卒。斯时零丁孤苦，单单孑立，倘不克自振拔，安能扩而大之？岳翁惟以析薪不克负荷是惧，长而肄业，又恐不克终其事，因退而居焉。迨年逾二十八，始归岳母凌孺人，鸡鸣交警，佐理内治，有古共姜之风。岳翁益得竭力于外，由是家日丰腴，田园庐舍焕然一新，至六旬投籍辟雍。③

张乃遂不仅获得了国学生的科名，而且乐善好施，曾经捐款助修柴田桥及万寿宫、东岳庙等。道光十三年（1833），张乃

① 《三区十一都二图会序》，载《春草草堂集》卷四，1941 年万载谢昌隆祠刊本。

② 《袁郡支谱原序》，载 1941 年《谷源张氏四修族谱》卷首之一。

③ 《岳翁张公定也大人传》，载 1992 年《谷源张氏五修族谱》卷首之二。

遂的妻子凌氏因五世同堂被官府旌奖，“赐有银牌库银十两、黄缎一卷，匾式‘眉寿延庆’”①。

嘉庆二十三年(1818)，丁家桥张氏与其他散居于万载、宜春的张氏移民合修了族谱，此后同治八年(1869)、宣统二年(1910)、1941年分别进行了重修，最近的一次重修是1992年。根据族谱中的统计可知，丁家桥张氏逐渐发展成为这批张氏移民中人口数量第二多的一支。宣统二年(1910)时丁家桥张氏男女合计103人，1941年时略有减少，总计99人，1992年的统计则有194人。

3. 株潭龙氏

复建白竹仰山社庙的捐款名单中，龙姓捐款人主要集中在南陂村民组。南陂本是蜀江上一座拦河水陂的名称，后来也被用来称呼周边地区。一直到20世纪90年代，建于南陂之上的筒车依然为蜀江岸边的大片农田提供灌溉用水。龙氏迁居到南

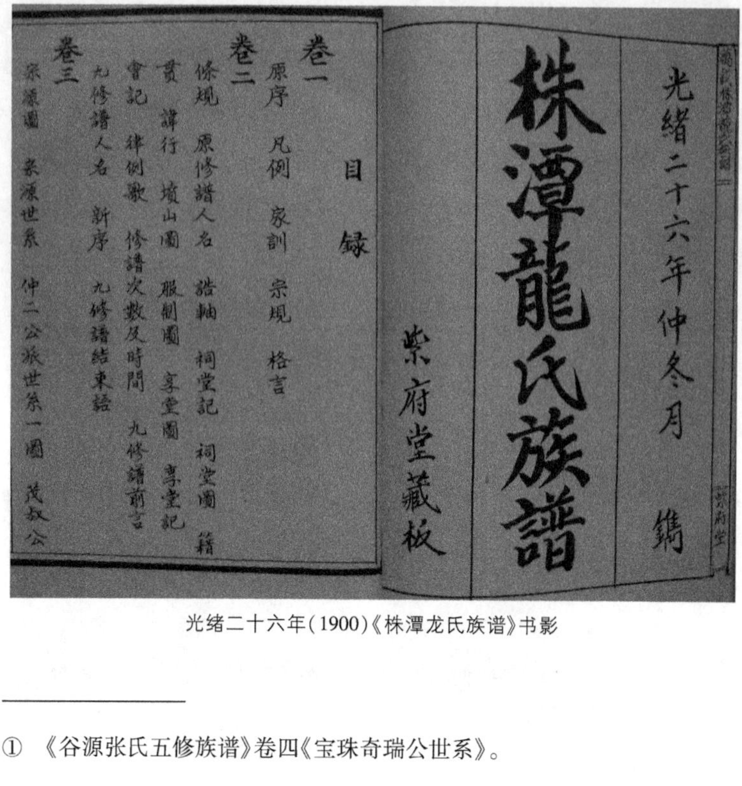


光绪二十六年(1900)《株潭龙氏族谱》书影

① 《谷源张氏五修族谱》卷四《宝珠奇瑞公世系》。

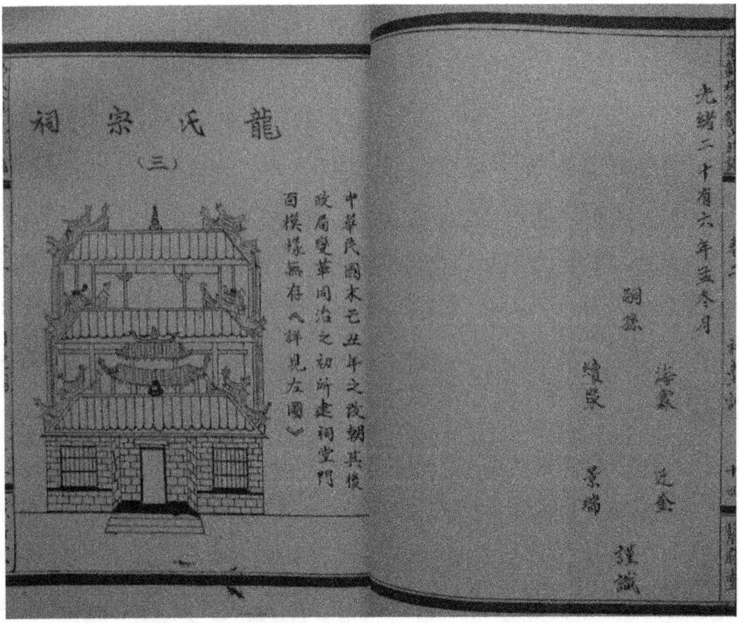


族谱中的龙氏宗祠图

陂，大概是在清代的乾隆年间。

无论是从迁居年代，还是从科举功名人数来衡量，龙氏都称得上是万载的世家大族。根据县城中祠堂所在地的不同，万载龙氏主要分为两支，“曰集贤，曰义井”①。集贤龙氏的“迁万（载）始祖”龙潜，号蟠溪，“肇自吉州之永新，派传上高之洪江”，“公以麟经登宋庆元己未进士，见权奸当道，绝意仕宦，后值宋元干戈，兄弟纷然四出，公偕其男爰卜万而居焉”。② 集贤龙氏又分为四房，其中以居住于株潭境内蜀江北岸石塘的仲二房人数最多。

明代末年，龙潜第十五世孙龙以万（1565—1608）从石塘迁居株潭。清康熙年间，龙以万之孙龙存敬（1641—1715）“隶籍十都二图三甲，充里长名为龙彭生”，因而被后世尊奉为株潭

① 民国《万载县志》卷三“宗姓表”。此段按语，为县志编修者、石塘龙氏族人龙赓言所撰。

② 《龙氏宗源图说》，载 1992 年《万载株潭龙氏族谱》卷三。

龙氏的支祖。[1] 龙存敬在清初成功顶充图籍与当时的动荡时局有关。康熙时，土寇猖獗，龙存敬的长子龙嗣教被土寇掳去。[2] 而他的第三子龙嗣华（1666—1723），则在此时“广田园、新栋宇”，一改过去“世皆居贫食力”的局面。[3] 株潭龙氏的创业兴家，也遭遇了重重磨难。龙嗣华“家稍丰裕，里人屡以非理相加”[4]。咸丰五年（1855）辛介福为株潭龙氏二修支谱撰写谱序时，也提及“昔盛族遭无妄之灾，……行久而后伸”[5]。光绪二十六年（1900）三修支谱的编修者龙观光、龙家驹，回顾起宗族的历史，更是饱含深情：“我祖存敬公自石塘分居株潭，于今九世。当时起家甚微，猝遘横逆，家庭之争而公庭之讼，其得自成一族者，盖如是其难艰矣。”[6]

株潭龙氏重视子弟的教育。龙嗣华有四个儿子，均以读书为业。长子龙裕，“兼有武艺，弱冠时文武试并应，后以《易经》游泮，屡战棘闱，数奇不利，于是以诗酒为乐”[7]。次子龙禧，曾经“弃儒业而货殖”，年逾三十，“奋然曰贸易非吾志业，复就学，日夜编摩，习经史，出应童子试，辄以《书经》入选”[8]。三子龙殿忠虽然没能入泮游庠，但也以诗酒自娱，“乾隆十四年乡人举公为社长，邑侯张公以‘党间正士’颜之”[9]。幼子龙锦，“年十七补郡博士弟子员，十九食饩”。但他不幸英年早逝，病重时留下遗言：“吾病不起矣，遗二龄孤子，业产微薄，无所遗之，但有书籍若干卷，吾手泽之所存也，亦吾素志

---

① 《株潭龙氏籍贯志》，载 1992 年《万载株潭龙氏族谱》卷二。
② 《德谦公传》，载 1992 年《万载株潭龙氏族谱》卷七。
③ 《嗣华公暨李孺人传》，载 1992 年《万载株潭龙氏族谱》卷七。
④ 《德谦公传》，载 1992 年《万载株潭龙氏族谱》卷七。
⑤ 《原序》，载 1992 年《万载株潭龙氏族谱》卷一。
⑥ 《序二》，载 1992 年《万载株潭龙氏族谱》卷一。
⑦ 《垂后公传》，载 1992 年《万载株潭龙氏族谱》卷七。
⑧ 《秉忠公传》，载 1992 年《万载株潭龙氏族谱》卷七。
⑨ 《纯臣公暨万孺人传》，载 1992 年《万载株潭龙氏族谱》卷七。

之所存也。假令子能成立，守吾手泽，以继吾志焉，足矣。”①龙锦的儿子龙起凤，在母亲郭氏的抚育督促下，“继起读父书”，并且“举丈夫子九，列成均者四，蜚黉序者一”，继承延续了宗族的读书向学之风。②

龙起凤（1736—1801），字岐周，号瑞西，他推动了乾隆、嘉庆时期株潭龙氏宗族的发展：

扩先人旧宇，倡建寝堂，聚族人岁奠其中，可云敬宗而睦族矣。辑修家乘，昭穆序次之余，更为绝房立继，拨膳田数亩，使继世有借，可谓能安死而慰生矣。乙酉岁大祲，君助谷为市公米者倡，饥民咸赖以全活焉。戊戌年，郡守陈公择方正司社仓积谷之数，邑人举君以任之，值岁歉，君请于郡公，尽出存谷以贷，秋后有力不能偿与前职守之亏虚者，悉捐谷以垫仓收，而乡邻德之者又众。株市上游木桥数为河水倾圮，跋涉者艰难百倍，君捐金二百邀集同志倡修石梁，行人赖之，此亦利济盛举也。③

与宗族建设有关的两件事，一是乾隆五十二年（1787）扩建寝堂，二是嘉庆二年（1797）创修支谱。株潭龙氏自龙存敬分居以来，起初因人口财赋无几，谱牒未修，祠堂未建，所以每逢春秋，皆祀祖考于石塘之祠。乾隆十八年（1753），龙氏族人将株潭后街由龙嗣华兄弟合建的一栋住宅的正厅作为祀堂。乾隆五十二年（1787），龙氏族人又于屋后增建寝堂。④ 当时任族长的龙起崐与族弟龙起凤一起推动了此事：

丁未春，欲扩祖寝，商于族弟岐周公云，寝室之建，吾父之遗命也，节婶郭宜人亦曾与余言，偕君共成于今可乎？岐周公是之。值岁祲，族以用不足为虑，翁恐事寝，请于节婶者再，

① 《绮堂先生暨郭孺人传》，载1992年《万载株潭龙氏族谱》卷七。
②③ 《岐老龙君六十寿序》，载1992年《万载株潭龙氏族谱》卷七。
④ 《存敬公祠堂记》，载1992年《万载株潭龙氏族谱》卷二。

婶知意，旋命岐周公捐助，与翁首襄其事。①

龙起崐的父亲龙禧，“年既冠，弃儒业而货殖”。起崐自己也因为家计窘迫，“遂弃儒业，率子货殖，以勤俭训家，渐日腴”。②起崐有三个儿子。长子龙崇淮，“冠年弃儒业贾，以孝养厥父母，资两弟读书膏火费”，“嗣以生齿日繁，亲年犹衰，不得已商弟坐贾，己懋迁于湖湘”。③ 次子龙崇汉、幼子龙崇洸也都经商，下面笔者摘引一段龙崇洸传记中的文字：

嘉庆丙寅，坐贾于株市。一日有客贸贸然来，遗朱提一封于地不觉而他往。子侄拾之归于公，公曰：“此必有急而心忙也。”因藏以待。顷之，客果复来，观其容状窘甚，公召而问之，诘其封缄与数符，乃出以还之。客感激欲入酒肆以谢，公曰：“无庸。尔自失之，尔自得之，于我何与？但谨记之，为远行者戒耳。”于是识与不识，皆传其为忠厚长者。④

辛炳涛在为龙崇洸所写的传文中，提到了株潭龙氏祠堂创建的背景：“公之乡代皆居株市，后以人众，务农桑而乡居者多，爰与众商，即以其祖居为家庙。”⑤由此可见，株潭龙氏自明末从石塘迁出，随着市镇经济的发展，形成了以建于株潭后街的存敬公祠为认同中心的宗族组织。

蜀江南岸具有悠久历史传统的万载乡长安里下河坞堡，其延续至今的历史进程开始于明末。黄、张、龙、周等姓氏人群的相继迁入定居，主要受两方面的因素影响：其一是明末清初的兵燹造成田地荒芜、甲户逃亡；其二是从乾隆年间开始，株潭的市镇经济得到恢复并迅速发展。

## （二）宗族、移民与市镇

株潭龙氏族谱中，龙起凤第八子龙文彬的传记是由周家大

---

①② 《启（起）崐公与辛孺人合传》，载1992年《万载株潭龙氏族谱》卷七。
③ 《汝涛公传》，载1992年《万载株潭龙氏族谱》卷七。
④ 《登仕郎遇川公传》，载1992年《万载株潭龙氏族谱》卷七。
⑤ 《姻伯龙文波先生传》，载1992年《万载株潭龙氏族谱》卷七。

屋的周树华撰写的。周树华与龙文彬是亲家，他在传记中记载："华与公为比邻，而公之三女又配华之三男。……邑侯韩谕建义仓，我区华实承其乏，而公襄办殷勤，始终如一，事之克底有成者，公实有力焉。"①株潭黄氏族谱中收录了光绪十七年(1891)为黄道佩妻子周氏贺寿的匾文，此匾文由周家大屋的周士铨所赠。族谱中的这些信息表明，尽管迁徙定居时间早晚不一，比邻而居的周、黄、龙等姓氏人群，不仅有着共同的民间信仰，而且相互之间也以通婚等方式加强联系。更重要的是，他们都参与了清中期以降日益增多的地方公共事务，如兴建书院与义仓。

1. 书院与义仓

书院之名始于唐代，宋元明时期发展成为官学之外民间讲学的私学教育机构，清代乾隆朝以后，书院作为地方公共教育机构得到国家政策的支持，但经费与管理则更多的由地方上自行筹措解决。

万载历史上最早的一座书院是张岩书院，元代时建于株潭境内与萍乡接壤的获富，曾得到元代大儒虞集的称赞。作为传统文化象征的张岩书院，一方面体现了元代儒学的影响，另一方面也是万载地域文化早期发展的体现。获富是万载境内所知最早的市镇，在宋代时就已经得到开发。

道光七年(1827)，绅士汤荐馨、周治睿、龙文、陈常等在株潭倡建义塾，"堂屋三重，后为文昌祠，前为讲堂，堂后为魁星楼，前为仪门，门内覆以雨亭，左崇义堂，右书室，外竖门楼，环以砖墙，购田亩，供束脩膏火，并给童试卷资、乡会程仪"②。因其坐落在龙家岭上，故名龙冈书院。这是继张岩书院后第二座建于万载县境西部的书院。龙冈书院的修建，体现了清代对书院的政策从压制到鼓励、书院从省府州县普及市镇

---

① 《质堂姻兄先生传》，载1992年《万载株潭龙氏族谱》卷七。
② 道光《万载县志》卷九《书院》。

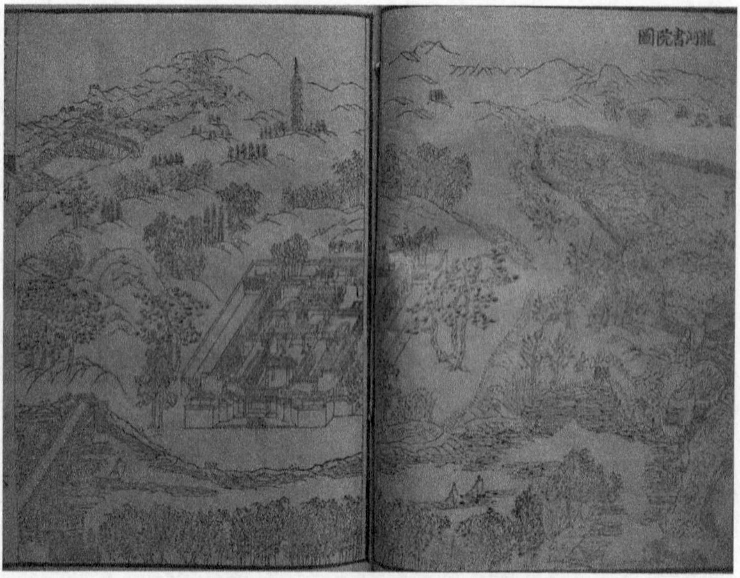


道光《万载县土著志》中的《龙河书院图》

乡村的发展演变过程。而龙冈书院修建的直接原因，则是“乡多举业士，地远龙河，负笈颇艰”①。清代万载县城的官方书院，是乾隆九年（1744）知县严在昌在县署后的龙山附近所建的龙山书院，乾隆十一年（1746）书院迁至城北龙河东岸马脑山侧，更名为“龙河书院”。地处县城的龙河书院可能对偏远乡村的士子偶有轻慢，故在黄茅南岭汤氏的后人中，还流传着他们的祖先汤荐馨因去县城参加科考受到县城绅士的蔑视，回来后倡建书院的故事。

在清中期书院由城市向乡村普及的趋势下，龙冈书院由三区万载乡的本籍绅士倡建，也可以看作是对客籍人士的回应。从闽粤等地迁徙而来的客籍人士，于乾隆年间曾经试图在万载县城建造移民书院而未果。到了道光年间，客籍人士先后在高村、大桥两个市镇上建造了高魁书院和东洲书院，株潭等地的客籍人士都参与了捐款。

倡建龙冈书院的汤荐馨、周治睿、龙文、陈常等人，主要

① 同治《万载县志》卷二九《艺文》。

是蜀江北岸的黄茅、石塘等地的大族代表。他们的倡议得到了万载乡一共四都十四图的本籍居民的响应。周家大屋的周树蒲参与了书院的修建工作。株潭龙氏的龙瑜在书院的修建过程中办事公正，众人推服。书院建好后，株潭黄氏为始祖黄有成在龙冈书院捐了一个牌位。

龙冈书院的修建，其意义还在于进一步强化了县以下“区（乡）”的概念。万载立县时，统高侯、万载、进城、康乐四乡；南唐时改高侯为怀旧；南宋时改康乐为欧桂，并分欧桂为东西两部分，四乡增加为五乡；明初因乡定区，区设粮长四人，在城分二隅，统十九坊为一区，因此一共有六区。四、五、六区也相继建起本区的龙云、龙桥、龙洲书院，一、二区则有县城的龙河书院，使得道光朝以后“区（乡）”的认同意识逐渐强化。

如果说道光初年建造的龙冈书院强化了乡区的认同，那么道光后期所建的株潭义仓——永丰仓，则反映了市镇意识的突显。仓储积谷是封建社会备荒救灾的重要方式之一。明代时万载县曾经在县城建有预备仓、水次仓以及城南社仓等，在四乡则建有涧田仓、进城仓、牟村仓和槠树潭仓，这些粮仓到了清初大都已经废弃。清代的仓储体系，包括常平仓、社仓与义仓。从时间顺序而言，顺治、康熙时期，政府主要发展常平仓，多建在府州县城中。从雍正朝开始，政府特别重视社仓的建设。而义仓的建设与繁盛，则主要是在嘉庆、道光以后。万载县的常平仓始建于康熙四十三年（1704），雍正与嘉庆年间有修葺。道光十一年（1831）、十二年（1832），万载县连续两年大雨成灾，民有食观音土者。道光十五年（1835），江西巡抚“檄州县劝捐义仓，奉功令多者给职衔有差，次则奖以匾额”，“颁示义仓条规，令民随地置仓，各保其乡”。道光十九年（1839）就任的万载知县韩彦章“奉檄建仓”，最终万载县建成十二座义仓。[①]

---

① 同治《万载县志》卷二九《艺文》。

道光时期的义仓，均由士绅、宗族等民间力量自行捐建、管理。十二座义仓，建于县城内的有两座，选址于市镇者有八座，包括三区的株潭永丰仓和黄茅常丰仓。[①] 这也顺应了当地社会经济发展的趋势。明正德年间，万载只有七处市镇。[②] 到了明末，万载市镇有十一处。[③] 道光初年重修的《万载县志》所记录的市镇增至三十一处。[④] 株潭市镇的兴起，是在明后期。经过明末清初的兵燹后，大多数市镇都已经败落，株潭则因地处水陆交通要冲，比较迅速地从战乱中恢复过来。雍正时期"诸市上通湖湘，下达省会，商旅往来辏集。向因兵燹之后，居民鲜少，物力艰涩，故商旅亦非昔比。今升平日久，潭埠、株柱潭（即今株潭）、大桥等处水陆交通，商贩贾客复为凑集矣"[⑤]。梳理建于街市上的庙宇、宗祠历史，能管窥市镇的发展面貌，从而有助于我们从当地社会发展的整体概况中认识周家大屋的价值与意义。

2. 庙宇

据1996年的《株潭镇志》统计，当时在株潭街市上一共有八座寺庙：三官殿、万寿宫、东岳庙、天后宫、爆竹庙、包公殿、傩神庙、土布庙。

天后宫位于株潭后街。乾隆二十九年（1764），福建移民林日聪、巫相佩、周文灿、吴应照、刘含贞、郑崑山、廖翘声、虞振生八人成立的闽中天后会，出银一百两购买了林殿伯的一座瓦屋，作为庙宇地基。乾隆三十六年（1771）修建天后宫，知县陈成谟撰写碑文。但直到乾隆六十年（1795），庙宇还未完

① 同治《万载县志》卷八《公署》。

② 正德《袁州府志》卷三《厢隅》。

③ 施闰章等修，袁继梓等纂：康熙《袁州府志》卷一二《厢隅》，清康熙九年（1670）刻本。

④ 道光《万载县志》卷四《城池》。

⑤ 汪元采修，杨言等纂：雍正《万载县志》卷一《坊乡》，清雍正十一年（1733）刻本。

工，于是又有杨斌元等十人进行了捐助，庙宇最终得以落成，知县陈大春撰文记述其事。道光初年为了奉祀庙宇香火，人们又成立了一个由四十二股组成的庙会。清同治十三年(1874)及1934年，人们围绕着天后宫的庙产先后进行了两次诉讼。①

三官殿，又名三元殿，是株潭街市诸庙宇中规模较大的一座。《株潭镇志》记载，三官殿于嘉庆三年(1798)建成，坐落于株潭下街头。三官殿在清末时曾作为株潭巡检司的官署，后来民国时期的中山国民学校、现在的株潭镇中心小学均在此地办学。揆诸文献，株潭三官殿最早见载于康熙《万载县志》，标注为“众姓建立”②。同治《万载县志》中，只是将其坐落位置进一步明确为“槠树潭下街”③。这表明，株潭的三官殿在明末或清初就已经建成。镇志中记载的嘉庆三年(1798)，有可能是重修的时间。

万寿宫又名真君庙，康熙《万载县志》记载，株潭的万寿宫坐落于中街，“嘉庆己未募乡市重建”④。株潭万寿宫建有戏台，正月里各处狮灯、龙灯、花灯常在万寿宫进行展示，而接菩萨、迎傩神等民间活动，表演者也必在此登台献技。宫前的“米场”曾作集市贸易的场所，远近的米贩多云集于此，每天成交粮食一百余担。

东岳祠位于株潭下街，嘉庆十六年(1811)建成。⑤东岳祠庙会，每三年一届。该庙会时间长、商品全、人数多，是民国时期株潭重要的庙会之一。

株潭的傩神庙建于上街河背，由古汤汤氏募建。⑥汤氏族谱记载，株潭傩神庙的修建，与谈某、阳某、李某三名行商有关。三人于道光四年(1824)购买了株潭南市街一处地产，建造了傩

---

① 株潭天后宫的史料，参见1948年《万载正谊福荫堂册》(北京大学图书馆藏)。

② 康熙《万载县志》卷四《建置》。

③④⑤⑥ 同治《万载县志》卷二六《祠庙》。

神庙，将古汤的五座傩神面具迁入其中。①

包公庙与爆竹庙是建在一起的两座庙宇。方志中株潭包公庙的记载最早见诸道光二十九年(1849)撰成的《万载县土著志》。2009年，包公庙重新修复，更名清风寺，其碑序中声称庙首建于元末明初，始称“佛母庙”。庙内还保存了一块光绪二十六年(1900)的重修碑记，碑记记载首士为丁和林、姚贞文、阳旬斯、吴佛牙、孙清绍五人。

株潭清风寺大门

民国《万载县志》记载了株潭的爆竹庙：“李畋祠，俗称爆竹庙，系爆业集资创建于株潭包公庙侧，月收厘毫补助育婴，穷民实受其惠。”②《株潭镇志》中记载，爆竹庙修建于光绪十年(1884)，庙内立有爆竹祖师李畋的木像，庙外草坪竖有一根高五米的竿子，每年农历四月十八日李畋诞辰之际，株潭各爆竹商均取来本店质量最佳、数量最多的长鞭炮挂于竿子上燃放。

---

① 汤克斌：《古汤傩神沿革》，载1993年《江西省万载县中山堂汤氏族谱·古汤房路下房卷》。

② 民国《万载县志》卷二之三《营建》。

株潭清风寺内景

从清初开始相继兴建的这些庙宇，见证了株潭街市的发展历程。乾隆三十六年(1771)由一群福建移民创建的天后宫，显示出万载移民社会的特点，并且提醒我们注意到市镇是移民融入地方社会的重要空间。明末清初时创建的三官殿，于嘉庆年间重建，这是市镇在经历了清初兵燹破坏之后又恢复发展的体现。万寿宫前的米墟市场、东岳祠三年一届的庙会集市，是株潭市镇经济发展的具体表现。

3. 宗祠

巫家祠是株潭街市上创建时间较早的一座宗祠。据族谱记载，巫氏“于乾隆十七年传集合族各房房长斯文禁首等，汇丁起尝，编立殷实，轮流生放以为尊祖敬宗之资。迨至壬午之岁，总子母不下千余，咸欣欣然曰：‘是足以为建祠祭祀之费矣。’但祠基犹未卜何地也。幸有先年所买株镇上市后大园内荒基一所，周围广阔，树木森然，坐乾山巽向，左民居而右市，山明水秀，环拱名区，而合族创为建祠聚族之地，族人无不欢从。岁在癸未，始建祠宇”①。参与创建株潭巫家祠的，是清初从广东及赣南等地迁徙而来，散居于万载的株潭、白良以及宜春的慈化等地，共同顶充十一都二图四甲籍名巫田张的巫氏族人。如白良巫继禹，“康熙年间由广东长乐县桑头移居江西袁州万载县地名五区十八都五图小坑通天脑，建立祖屋辛山乙向，与各房合建大祠于株镇布仔上市后，上下三进，乾山巽向，顶入里递十一都二图四甲，籍名巫田张”②。巫色彩，“清初由长乐古寨下移居万载十一都二图四甲，立籍巫田张，与各房合建大祠于株镇市后大园里，后裔居住慈化沙石岭立业”③。巫奇生及其兄弟的经历，为我们了解清初巫氏移民入籍的历史提供了更多的信息：“清康熙年间，兄弟三人由龙川船坑洞移南安上犹

---

① 《清乾隆三十五年谱序》，载 1946 年《巫氏族谱》卷首。
② 《白良卿公支下继禹世系》，载 1946 年《巫氏族谱》卷一。
③ 《贵甫公支下旺公世系》，载 1946 年《巫氏族谱》卷七。

县居住，后移万载株树潭(即株潭)油草塘居住。康熙三十六年顶入李宁牙十一都二图四甲里递，籍名巫田张，粮户巫腾所。康熙壬辰年又移居八都三图。”①清末及民国时期，株潭巫家祠成为万载、宜春、浏阳等地巫氏移民的联宗祠。

嘉庆八年(1803)，杨氏建祠于株潭上街墟厂口天后宫侧，名曰“清德祠”。捐资合建宗祠的杨氏族人，散居于万载、萍乡、浏阳的一些村镇。他们的先人是清初从广东迁徙来的。②

株潭的赖家祠创建于道光八年(1828)。在此之前，袁州府的赖氏移民曾成立同兴会，建祠于宜春金瑞。乾隆五十六年(1791)，万载株潭等地的赖氏族人因艰于跋涉，从袁州府的联宗祠中分析出来。道光六年(1826)，赖氏从宋馨兆处购得株潭墟场上梨园一所，两年后建祠于此。此后直至民国年间，陆续有居住于万载其他地区的赖氏移民，通过捐款的形式加入株潭赖氏祠堂的宗族联合体中。如道光年间捐助株潭宗祠的茂魁房天发、兴发兄弟，“康熙四十九年……乔迁万载之黎源窗前，兄弟竭力经营以开基业”，“承里递，立籍斯邑”，“雍正十二年天公与兴公爱本邑燕竹山水之胜，可为子孙聚族居，遂于斯地同立其产，同卜其宅”。③

土著宗族也有在株潭建祠的，嘉庆十一年(1806)，株潭王氏在株潭下庄建造了宗祠。株潭王氏的祖先在明嘉靖时由吉安迁徙至万载株潭街，其后派衍四房，分居于株潭下庄、官田山口岭、东山上蜈蚣塘、冷布前等地。乾隆二十八年(1763)，四房成立冬至会，至乾隆朝后期先后置买田产多处，作为建祠资金之来源。乾隆五十八年(1793)，王氏购买株潭下庄的一处田园屋宇，经过多年准备，最终于嘉庆十一年开始建祠，两年后

① 《高城下院仕魁公支下守金世系》，载1946年《巫氏族谱》卷二〇。

② 相关资料来源于1938年《万载株镇杨氏族谱》。

③ 相关资料来源于道光十九年(1839)《赖氏祠谱》、1924年《株镇赖祠族谱》、1924年《赖氏祠谱》。

竣工。[①] 王氏宗祠从成立冬至会到最终建成，经历了四十余年的准备和积累的过程。而南市街上的株潭黄氏敛银生息准备建祠是在乾隆二十四年（1759），最终建成则是在同治十三年（1874），历时一百余年。作为传统的世家大族，石塘龙氏一直到光绪二十七年（1901）才在株市上游建了一座宗祠，奉祀的是龙氏的九世祖——于明景泰四年（1453）捐粟赈饥而被敕旌为义士的龙志霖。[②]

无论是街市上的庙宇、宗祠，还是南市街的创建，都体现出株潭这种清代发展繁荣起来的市镇所具有的开放、包容的特点。在明清的图甲等级体系中，这种市镇既不像县城有完善的坊厢制度，又不像乡村的图甲有大量田地为依托。拥有七条街十二条巷的株潭镇，虽然也隶属于宋元以来的长安里、明清时期的十一都二图，但并没有明确的甲户。因此，在市镇的发展过程中，无论是移民还是本籍居民，都积极地参与到蜀江两岸街市的经济活动与社会活动中去。移民之所以热衷于在市镇上建造庙宇、祠堂，主要是因为他们无法在被土著控制的万载县城内取得居住权，清乾隆朝以后逐渐繁荣起来的市镇自然成为他们进行族群认同与建构的中心地。而周家大屋的周氏族人，虽然也积极参与南市街的开发以及三区龙冈书院和株潭义仓永丰仓的修建等活动，但是其进行宗族建构活动的中心地点，清初至乾嘉时期都集中在县城，道光朝以后则是在其迁出地黄茅周陂市——另一个乾隆朝以后兴起的市镇。

## 三、传统民居的地域社会史视野

在传统的民居建筑中，周家大屋似乎不那么具有鲜明的特点。但是，要理解这类传统民居的价值与意义，本文的论述已经提供了一种整体史的视角，即从传统民居本身及其周边环境

① 相关资料来源于 1938 年《万载株潭王氏族谱》。

② 龙赓言：《新建义士公祠堂记》，载 1927 年《万载集贤龙氏族谱》。

的地域社会史来理解与剖析。虽然从建筑学的角度来看，周家大屋在江西的多开间天井式民居建筑中，平面布局远不及如铜鼓县港下村大夫第那般严谨与成熟，但其所具有的重要历史文化价值是不言而喻的。

周家大屋是由周氏五兄弟建造的一栋体量庞大的多开间天井式民居建筑，体现了“兄弟联居”的家族聚居理念。大屋建造者的祖先，在明代因为捐谷赈饥被官府旌表为义士，在清代因为六世同居被旌表为义门。

周家大屋所处的地理空间，经历了明初的开发、明中后期时局动乱下的荒废、明末清初土著与闽粤移民的相继迁入再开发，最终形成土客杂居的居住格局。大屋居民与其周边客籍居民之间的互动与交往，有助于深化我们对明清时期土客关系与客家历史发展的认识。

周家大屋形成于清嘉庆年间，大屋的建造得益于周氏兄弟的发达。大屋的建成与发展，又与株潭、黄茅等周边市镇的发展与繁荣相辅相成。因此，周家大屋也是清中期以后商品经济发展与繁荣的体现。

# 附录

## 一、田下周氏世系简图

### （一）田下-黄茅周氏世系简图（第一世至第十三世）

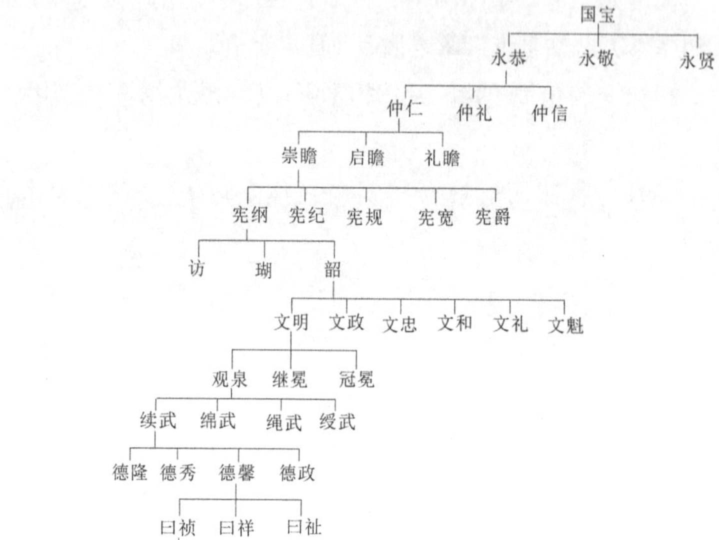

### （二）黄茅义门世系简图（部分）

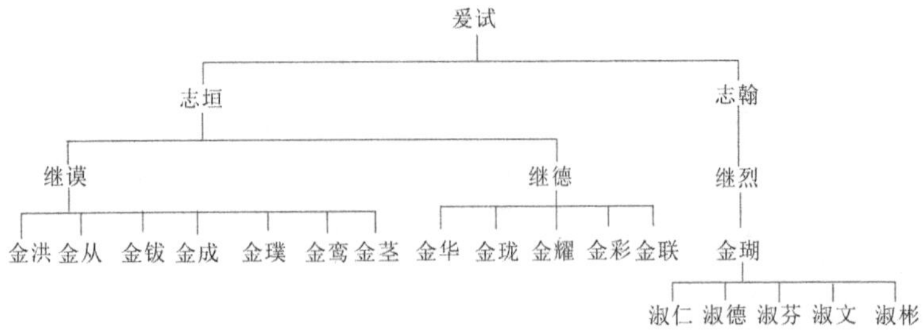


## 二、大事记

清嘉庆二十年（1815），周淑仁、周淑德、周淑芬、周淑文、周淑彬五兄弟选址株潭丁家桥，兄弟联居，合建大屋。

清道光八年（1828），周家大屋族人周树华受命将周治康创修未竣的族谱完稿，谱局设于黄茅支祠。

清道光二十二年（1842），株潭合建永丰仓，周家大屋族人周树华奉万载知县韩彦章之谕令，襄办建仓之事。

1982 年，上海电影制片厂拍摄影片《大泽龙蛇》，在周家大屋取景。

1991 年，江西电视台拍摄电视剧《茶女》，在周家大屋取景。

**图书在版编目(CIP)数据**

兄弟联居:万载周家大屋档案/罗艳春编著 .—长沙:
岳麓书社,2018.6
(江西古村落档案丛书/王德保主编)
ISBN 978-7-5538-0740-9

Ⅰ.①兄...　Ⅱ.①罗...　Ⅲ.①村史—万载县
Ⅳ.①K295.65

中国版本图书馆 CIP 数据核字(2018)第 046364 号

XIONGDI LIANJU: WANZAI ZHOUJIA DA WU DANG'AN

**兄弟联居:万载周家大屋档案**

编　　著:罗艳春
责任编辑:胡宝亮
责任校对:舒　舍
书籍设计:风格八号

岳麓书社出版发行
地址:湖南省长沙市爱民路 47 号
直销电话:0731-88804152　0731-88885616
邮编:410006
岳麓书社网址:www.yueluhistory.com

2018 年 6 月第 1 版第 1 次印刷
开本:640mm×960mm　1/16
印张:15
字数:194 千字
ISBN 978-7-5538-0740-9
定价:60.00 元

承印:虎彩印艺股份有限公司

如有印装质量问题,请与本社印务部联系
电话:0731-88884129